ジョイント使いで

手足が動くあみぐるみ

いちかわみゆき

文化出版局

Contents

頭 30㎜

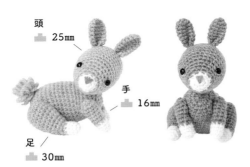

頭 25㎜

手 16㎜

足 30㎜

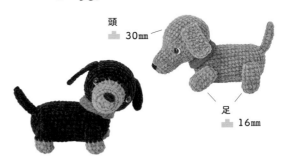

頭 30㎜

足 16㎜

頭 45㎜

頭 35㎜

手、足 ✕

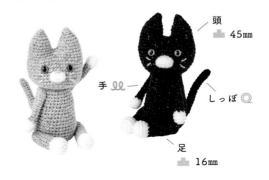

頭 45㎜

手 ◖◖

しっぽ ◎

足 16㎜

頭 45㎜

頭 35㎜

手、足 ◖◖

手、足 20㎜

手、足 16㎜

頭 35㎜

コアラ ... p.18 / p.44

手 ㎜
頭 ▦ 35㎜
足 ▦ 16㎜

ぞう ... p.20 / p.64

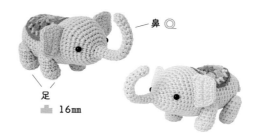

鼻 ◎
足 ▦ 16㎜

ロボット ... p.22 / p.66

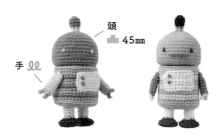

頭 ▦ 45㎜
手 ㎜

飛行機 ... p.24 / p.68

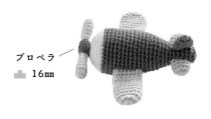

プロペラ ▦ 16㎜

お人形 ... p.26 / p.70

頭 ▦ 20㎜
手、足 ㎜ ◎

ちびくま ... p.28 / p.74

手、足 ㎜

記号は、動かす方法を示しています。

▦ プラスチックジョイント。数字はサイズ

㎜ 糸ジョイント

✕ ボタンジョイント

◎ テクノロート

Parakeet
インコ

動くパーツ ◇ 頭

作り方 p.47

糸 ハマナカ ピッコロ

てのひらサイズの
オカメインコとセキセイインコ。
顔を左右に動かして、
何やらおしゃべりを楽しんでいるみたい。

a　　　　　　b　　　　　　c

/ cheep chirp \

5

Rabbit
うさぎ

動くパーツ ◇ 頭、手、足

作り方　p.49

糸　ハマナカ アメリー

お座りをしたピンクのうさぎは
にんじんを持って得意げな様子です。
寝そべっているグレーのうさぎは、
じっと見つめてうらやましそう。

a

b

Dog
いぬ

動くパーツ ◇ 頭、足

作り方　p.52

糸　ハマナカ itoa
　　あみぐるみが編みたくなる糸

お散歩が大好きな
2匹のダックスフント。
においをかいだりじゃれあったり、
芝生に寝転んだりして、
思いっきり遊んでいます。

a

b

))

sniff-
sniff

Bear
くま

動くパーツ ◇ **頭、手、足**

作り方　p.54

糸　a…ハマナカ ラブボニー
　　　　ハマナカ ピッコロ
　　b…ハマナカ ボニー
　　　　ハマナカ ラブボニー
　　　　ハマナカ ピッコロ

スタンダードなくまは
おそろいのバンダナをつけて。
手足のジョイントになっている
おしゃれなボタンもお気に入りみたい。

a

b

Hello

Cat
ねこ

動くパーツ ◇ 頭、手、足、しっぽ

作り方　p.57

糸　ハマナカ コトーネツィード
　　ハマナカ ピッコロ

招きねこポーズを決めた2匹のねこは
まあるい毛糸玉に夢中です。
遊び疲れたのか、いつの間にか
バスケットの中で仲よくお昼寝。

a

b

Panda
パンダ

動くパーツ ◇ 頭、手、足

作り方　p.60

糸　a…ハマナカ アメリー
　　b…ハマナカ アメリーエル《極太》

仲むつまじいパンダの親子。
ころころ転がって笹にじゃれる子パンダを、
母パンダはやさしく見守っています。

15

Sea otter
ラッコ

動くパーツ ◇ 頭、手、足

作り方　p.62

糸　ハマナカ ソノモノ アルパカウール《並太》
　　ハマナカ ピッコロ

泳ぎが得意なラッコは
海に浮かんでゆらゆら、ぷかぷか。
お気に入りの貝をおなかに乗せてうれしそう。
三角の鼻がチャームポイント。

I want
more clams...

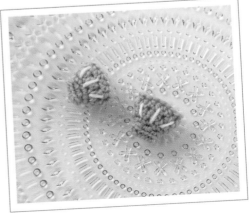

Koala
コアラ

動くパーツ ◇ **頭、手、足**

作り方　p.44

糸　ハマナカ アメリー

大きな耳と鼻が特徴のコアラは、
ぽってりとしたお座り姿が
赤ちゃんみたいで愛らしい。
木登りポーズも様になっています。

a

b

Elephant

ぞう

動くパーツ ◇ 鼻、足

作り方 p.64

糸 ハマナカ ポーム ベビーカラー
　 ハマナカ ピッコロ

背中のモチーフがおしゃれなぞうは
長い鼻を上げてご挨拶。
テクノロートを入れた鼻は
からめたり、りんごを乗せたりと
自由自在に動かせます。

a

b

Ta-dah!

21

Robot
ロボット

動くパーツ ◇ 頭、手

作り方　p.66

糸　ハマナカ ピッコロ

お仕事なのか遊んでいるのか、
ブロックを積み上げて
大忙しのロボットたち。
一生懸命動いたら
充電切れになっちゃったみたい。

a

b

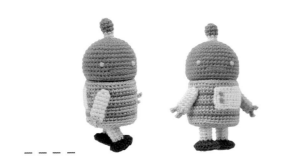

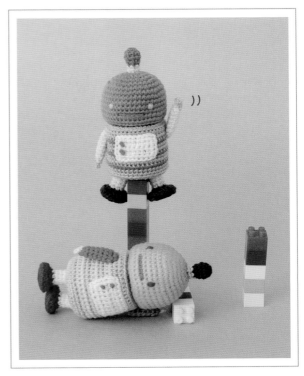

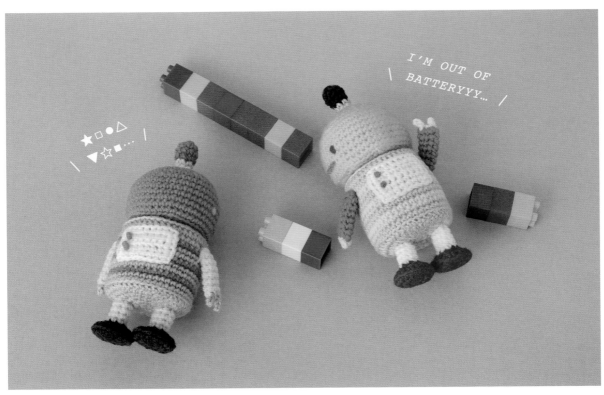

I'M OUT OF
BATTERYYY...

★ □ ● △
▼ ☆ ■ ...

Airplane

飛行機

動くパーツ ◇ プロペラ

作り方　p.68

糸 ハマナカ わんぱくデニス

Booooooon!

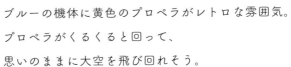

ブルーの機体に黄色のプロペラがレトロな雰囲気。
プロペラがくるくると回って、
思いのままに大空を飛び回れそう。

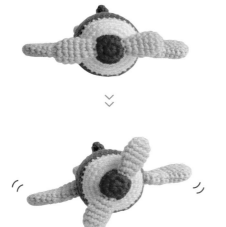

Doll
お人形

動くパーツ ◇ **頭、手、足**

作り方　p.70

糸　ハマナカ ピッコロ
　　ハマナカ itoa
　　あみぐるみが編みたくなる糸

素敵なお部屋に暮らすあの子は、
とっておきのワンピースを着てご機嫌です。
シャツやパンツも作って
着せ替え遊びを楽しみましょう。

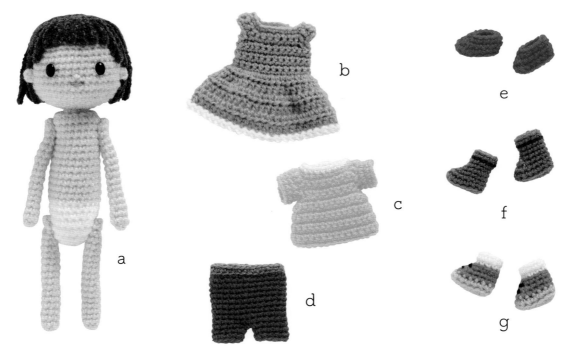

a

b

c

d

e

f

g

Small bear
ちびくま

動くパーツ ◇ 手、足

作り方　p.74

糸　ハマナカ itoa
　　あみぐるみが編みたくなる糸

小さくてかわいいくまたちが
鍵盤を弾いたり乗ったり、
ぼーっとしたり。
人目を盗んで、自由気ままに
ピアノで遊んでいます。

a

b

c

d

ちびくまに丸カンとボールチェーン
をつけて、バッグチャームに。いつ
でも一緒にお出かけできます。

あみぐるみ作りで使う用具と材料

あみぐるみを作るときに必要な主な用具と材料を紹介します。

用具

かぎ針
先端がかぎ状に曲がっている編み針で、糸の太さによって使い分けます。

とじ針
先端が丸みを帯びていて、パーツのとじはぎや、刺繍などに使います。

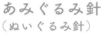

あみぐるみ針
（ぬいぐるみ針）
長い針で、パーツを縫い合わせるときなどに使います。

ニット用まち針
パーツどうしを仮どめするときや、目鼻の位置を決めるときに使います。

ピンセット
手芸わたを詰めるときに使います。樹脂製で、手足などの細いパーツにも詰めやすいです。

目打ち
手芸わたをまんべんなく詰めるときや、ジョイントや目や鼻のパーツを差し込む前に編み地を広げるときに使います。

ステッチマーカー
目数を数えるときや編み方が変わるときに編み目に通して、目印にします。

多用途接着剤
目や鼻のパーツを接着するときに使います。

材料

糸

ウールやアクリル、コットンなどの素材の違いや、糸の太さや色、風合いなど、作品に合わせて選びます。

ディスク　　ワッシャー　　ストッパー

プラスチックジョイント

作品のパーツの中に入れて、動かせるようにするために使います。ディスク、ワッシャー、ストッパーの3つのパーツで1セットです。直径16、20、25、30、35、45mmがあり、作品のパーツのサイズに合わせて選びます。

テクノロート
（H204-593）

好きな形に曲げられてその状態を保てるワイヤーです。作品のパーツの中に入れて動かせるようにします。

ネオクリーンわたわた
（H405-401）

パーツの中に詰めるポリエステル素材のわたです。

目・鼻のパーツ

接着剤をつけて差し込むものと、ボタンのように穴に糸を通して縫いつけるタイプがあります。

25番刺繍糸
顔の刺繍に使います。

コアラの作り方

コアラの作り方を通して、あみぐるみ作りのテクニックとプラスチックジョイント、糸ジョイントのつけ方を解説します。パーツを動かせるようにするテクノロートの使い方もご紹介します。

＊わかりやすくするため、一部の糸の色を変えています。

材料

糸

プラスチックジョイント
35mmを1セット、
16mmを2セット使います

手芸わた

目

足を編む 《輪の作り目》

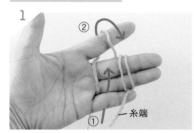

1

輪の作り目を作る。小指と薬指の間から糸を出し（①）、人さし指にかける（②）。中指と薬指の後ろを通って糸を2回巻きつけ、薬指と小指で糸端を挟む。

2

1の状態から、中指・薬指・小指を折り曲げ、2重の輪の中にかぎ針を入れる。人さし指にかかっている糸の下からかぎ針をかけ、輪の中から糸を引き出す。

3

立上りの鎖編みを編む。糸にかぎ針をかけ、引き抜く。

4

立上りの鎖編みが編めたところ。

5

細編みを編む。輪の中にかぎ針を入れ、糸にかぎ針をかけ、引き出す。

6

輪の中から引き出したところ。

32

7

糸にかぎ針をかけ、2本のループの
中を通して一度に引き抜く。

8

細編み

細編みが1目編めたところ。

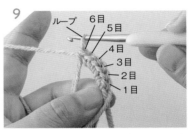

9

ループ　6目
　　　　5目
　　　　4目
　　　　3目
　　　　2目
　　　　1目

5～8を繰り返して細編みを6目
編む。かぎ針にかかっているループ
を大きく引きのばしておく。

10

細編みの2目めを押さえ、糸端を
引いて縮まったほうの輪を持ち、時
計回りに引く。

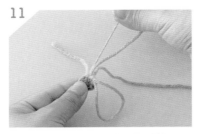

11

2本の輪のうち、一方の輪が縮んで
見えなくなる。

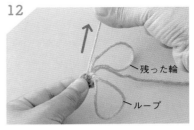

12

残った輪
ループ

再び糸端を引き、残った輪を引き締
める。

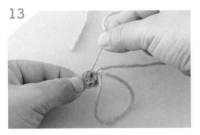

13

2重の輪が縮まったところ。ループ
にかぎ針を戻して糸玉から出ている
糸を引き、ループを縮める。

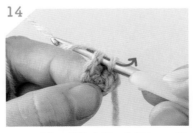

14

段の最後の引抜き編みを編む。1目
めの頭目にかぎ針を入れ、糸にかけ
る。1目めとループの中を通して一
度に引き抜く。

15

引抜き編みが編めたところ。

16

2段めを編む。糸にかぎ針をかけ、
立上りの鎖編み1目を編む。続けて、
1段めの1目めの頭目に細編みを2
目編み入れ、増し目をする。

17

残りの目にも細編みを2目ずつ編
み入れ、全部で12目の細編みを編
み、1目めの頭目にかぎ針を入れ、
引抜き編みを編む。

18

編み図（p.44）を参照して、6段ま
で編む。

《足のディスクの入れ方》

19

3段めと4段めの間にプラスチックジョイント（16mm）のディスクの軸を差し込むために、目打ちで編み地を広げる。

20

ディスク

編み地の裏側にディスクを入れる。

21

19で広げた部分にディスクの軸を差し込む。

22

ディスクの軸が表側に出たところ。

23

裏側から見たところ。

《細編み変り2目一度》

24

足の7段めを編む。立上りの鎖編み1目と細編み1目を編んだら、前段の2目めの頭目の手前半目を拾う。続けて3目めの頭目の手前半目を拾う。

25

糸にかぎ針をかけ、24の半目2本の中から引き抜く。

26

さらに糸にかぎ針をかけ、2本のループの中を一度に引き抜く。

27

細編み変り2目一度が編めたところ。

28

編み図を参照して、7・8段めを編む。

29

編終りの糸は20cm残して切り、ループをのばして糸端を引き抜く。

30

ピンセットを使って手芸わたをしっかり詰める。

31

糸端をとじ針に通す。

32

編終りの隣の頭目に、内側から外側に向かってとじ針を入れ、糸を通す。

33

足先を編み図（p.44）を参照して編み、足につける。足先の最終段の頭目にとじ針を外側から内側に向かって入れ、足の最終段の頭目にとじ針を内側から外側に向かって出す。

《糸始末》

34

足先の糸端を編み地の中に入れ、糸を引き締める。同じ要領ですべての頭目を巻きかがりする。

35

玉どめをする。編み地を割らないようにしてとじ針を足のどこかから出し、糸を引き出す。

36

とじ針を編み地に添えて、糸を3回巻きつける。糸を押さえてとじ針を引き抜く。

37

玉どめができたところ。

38

玉どめをわたの中に引き込むために、糸が出ている穴にとじ針を入れて遠くに出す。

39

糸端を引っ張り、玉どめを編み地の中に引き込むと玉どめは見えなくなる。糸が出ている同じ目にとじ針を入れ、再び編み地の遠くに出す。これを2〜3回繰り返す。

40

編み地の際で糸を切る。

41

同じものを2つ作る。

頭を編む 《頭のディスクの入れ方》

1

編み図（p.45）を参照して頭を編み、最終段の1段手前まで編んだらピンセットを使って手芸わたをしっかり詰める。

2

プラスチックジョイント（35mm）のディスクの皿の部分を編み地の中に入れる。

3

ディスクを編み地に入れているところ。編み地の差し込み口が小さいので、ディスクをスライドさせるようにして入れる。

4

ディスクが編み地に入ったところ。

5

最終段を細編み変り2目一度で編む。

6

最終段が編めたところ。編終りの糸は20cm残して切り、糸端を引き抜いてとじ針に通す。p.35-32と同様にして編終りの隣の頭目に外側に向かってとじ針を入れ、糸を通す。

《絞りどめ》

7

隣の頭目の手前半目を外側から内側に拾う。

8

同様にして全部の目を拾い、糸を引き絞る。

9

p.35-35〜40と同様にして糸始末する。

10

頭のディスクの軸に35mmのワッシャーを通す。

11

続けて35mmのストッパーをディスクの軸に通す。

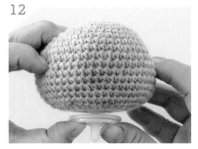

12

ワッシャーとストッパーを押し込むが、頭との間にすきまを残しておく。

耳を編む

1

鎖目の作り目を作り、内耳を編む。鎖編みを6目編み、立上りの鎖目2目編む。

2
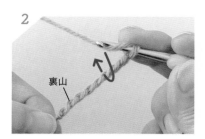
中長編みを編む。作り目を裏返して糸にかぎ針をかけ、3目めの裏山にかぎ針を入れる。

3
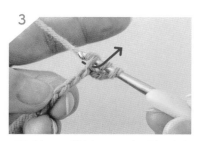
再び糸にかぎ針をかけて糸を引き出す。

4

糸にかぎ針をかけて3本のループの中を一度に引き抜く。

5

中長編みが1目編めた。同様にして、中長編みをもう1目編む。

6

長編みを編む。糸にかぎ針をかけ、次の裏山にかぎ針を入れる。

7

再び糸にかぎ針をかけて糸を引き出す。

8
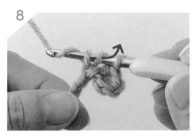
糸にかぎ針をかけて2本のループの中を一度に引き抜く。

9

さらに糸にかぎ針をかけて2本のループの中を一度に引き抜く。

10

長編みが1目編めた。

11

編み図（p.46）を参照して内耳を編む。編終りの糸は10cm残して切り、糸端を引き抜く。

12

糸端をとじ針に通し、編み地の裏側の糸をすくって編み地の際で切る。編始めの糸端も同様に始末する。

13 同様にして外耳の1段めを編む。

14 立上りの鎖編み1目を編み、内耳を外表に合わせて縁編みを編む。内耳と外耳の鎖目の外側1本にかぎ針を入れる。

15 内耳と外耳の鎖目の外側1本にかぎ針を入れたところ。糸にかぎ針をかけ、細編みを編む。

16 細編みが編めたところ。隣の目も同じ要領で細編みを編む。

17 細編みが2目編めたところ。

18 内耳と外耳の1段めの中長編みの頭目にかぎ針を入れ、細編みを編む。

19 同様にして縁編みの1段めを編む。

《鎖2目のピコット編み》

20 編み地を裏返して縁編みの2段めを編む。立上りの鎖編み1目と細編み1目を編む。

21 鎖編みを2目編み、土台の頭目半目と左側の足にかぎ針を入れる。

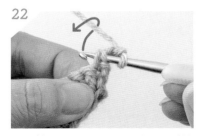

22 かぎ針を入れたところ。糸にかぎ針をかけ、一度に引き抜く。

23 引き抜いたところ。鎖2目のピコット編みが編めた。

24 残りを編み、編終りの糸は20cm残して切り、糸端を引き抜く。

25 同様にして左右1つずつ作り、耳ができた。左右の耳で、縁編みの2段めが異なるので注意。

手を編む　《糸色の替え方》

1

手を2段編み、最後の細編みをあと1回引き抜いたら完成する状態（未完成の細編みという）で次の段の糸（ブルー）を編み地の後ろ側に置き、糸にかぎ針をかけ、2本のループの中を一度に引き抜く。

2

色替えができた。2段めの1目めの頭目に針を入れ、引抜き編みを編む。

3

引抜き編みが編めたところ。

4

編終りの糸（ピンク）を10cm残して切り、糸端どうしを2回からげて結ぶ。もう一度2回からげてしっかりと結び、糸端を1cmほど残して糸を切る。

5

編み図を参照して残りの段を編み、編終りの糸を20cm残して切る。同じものを2つ作る。

胴に足をつける　《ジョイントでの胴と足のつけ方》

1

編み図（p.45）を参照して胴を最終段の1段手前まで編み、糸を休めておく。5段めと6段めの間に目打ちを裏側から入れて編み地を広げる。

2

足のディスクの軸を胴に差し込む。

3

足のディスク軸を差し込んだまま胴の編み地を裏返し、16mmのワッシャーをディスクの軸に通す。

4

続けて16mmのストッパーをディスクの軸に通す。

5

指で挟んで、ワッシャーとストッパーを押し込んではめる。このとき、カチッと音がする。

6

はめるとディスクの軸が見える。

7

胴を表に返して、確認する。足との間にすきまがある場合は、もう一段階押し込んで詰める。

8

もう一方の足も同様にして胴につける。

9

休めておいた糸で最終段を編む。編終りの糸は30cm残して切り、糸端を引き抜く。

鼻、胸毛を編む

編み図を参照して鼻と胸毛を編む。各パーツが編み上がった。

1

ピンセットを使って胴に手芸わたを
しっかり詰める。

2

ジョイントが入る上部は、手芸わた
を少しくぼませておく。

3

胴を絞りどめする準備をする。糸端
をとじ針に通し、頭目の手前半目を
外側から内側に拾う。

4

全部の目を拾ったところ。まだ引き
絞らないでおく。

5

頭のジョイントを胴に入れ込む。

6

胴にジョイントを入れ込んだところ。

7

胴の糸を引き絞る。

8

糸を編み地にくぐらせ糸始末する。

9

頭と胴を指で押さえて、ワッシャー
とストッパーを押し込んではめる。

10

写真は押し込みが足りず、頭と胴に
すきまができている状態。

11

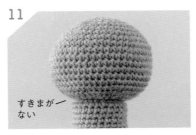

写真は頭と胴にすきまがなく、いい
状態。押し込みすぎると頭と胴が動
かしにくくなるので注意。

12

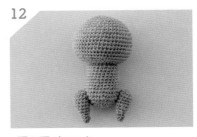

胴に頭がついた。

胴に手をつける 《糸ジョイントでの胴と手のつけ方》

1

手の編終りを絞りどめして、糸始末する。

2

30cmに切った糸をあみぐるみ針に通し、胴の14段めと15段めの間に針を入れ、胴の反対側に出して糸を引き出す。

3

手の8段めと絞りどめの間に針を入れ、糸を引き出す。

4

糸を出した1目隣に再び針を入れ、糸を引き出す。

5

胴の糸を出したところの1目隣に針を入れ、胴の反対側に出して糸を引き出す。

6

糸を引いて手を胴につける。

7

反対側の手も3、4と同様にして針を入れ、糸を引き出す。

8

針をいったん外す。

9

糸の両端を結び、引き締める。

10

もう一度結び、引き締める。

11

糸端を2本とも針に通し、糸が出ている穴に針を入れて遠くに出す。

12

糸端を引っ張り、結び目を編み地の中に引き込む。編み地の際で糸端を切る。

胸毛を胴に、鼻を頭に縫いつける

1

胸毛は編み地の裏側を表として、胴にまち針で仮どめして巻きかがりでつける。

2

鼻はわたを詰めて編終りを絞りどめし、頭にまち針で仮どめして巻きかがりでつける。

目を頭に接着剤でつける

1

目のつけ位置にまち針を刺しておき、目打ちで編み地を広げる。

2

目の軸に接着剤をつける。

3

1で広げた編み地に軸を差し込む。

4

反対側も同様にしてつける。接着剤が乾くまでおいておく。

耳を頭に縫いつける

頭にまち針で仮どめして、耳を巻きかがりでつける。

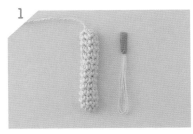

コアラが完成!

《テクノロートの入れ方》

1

指定の長さに切り、折りたたんだテクノロートをマスキングテープでとめる。

2

編み地の中にテクノロートを入れる。

3

ピンセットを使って手芸わたを詰める。テクノロートが曲げられるように、詰めすぎないようにする。

43

コアラ ····· p.18

詳しい作り方を p.32 から写真解説しています。

◇ 使用糸

ハマナカ アメリー
a チャイナブルー（29）··· 23g
b ピーチピンク（28）··· 23g
共通 ピンク（7）··· 3g ピュアホワイト（51）··· 1g
ナチュラルブラック（24）··· 1g

◇ その他の材料

プラスチックジョイント 16mm（H430-501-16）··· 2 セット
プラスチックジョイント 35mm（H430-501-35）··· 1 セット
コミックアイ 9mm（H220-409）··· 2 個
ネオクリーンわたわた（H405-401）

◇ 用具

5/0 号かぎ針

◇ 出来上り寸法

縦 14 ×横 11cm

◇ 作り方

1. 足と足先を編み、足先を足に巻きかがりでつける。
2. 頭を編む。
3. 耳を編む。
4. 手を編む。
5. 鼻を編む。
6. 胸毛を編む。
7. 胴を編み、足と頭をつける。
8. 手を胴に糸ジョイントでつける。
9. 胸毛を胴に、鼻を頭に、巻きかがりでつける。
10. コミックアイを頭に接着剤でつける。
11. 耳を頭に巻きかがりでつける。

足（2枚） a＝チャイナブルー、b＝ピーチピンク

※6段めまで編んだら、ディスク（16mm）の軸を
　足の3、4段めの間の立上りの鎖目あたりに
　差し込み、残りの段を編む

糸端を20cm残す

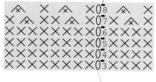

段	目数	目数の増減
8	6	毎段3目減らす
7	9	
3〜6	12	増減なし
2	12	6目増す
1	6	輪の中に細編み

足先（2枚）

ピンク

糸端を1cm残す

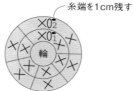

段	目数	目数の増減
2	6	増減なし
1	6	輪の中に細編み

足の仕上げ方

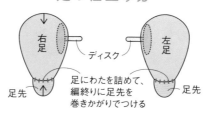

右足　左足
ディスク
足にわたを詰めて、
編終りに足先を
巻きかがりでつける
足先　足先

手（2枚）

a＝チャイナブルー、b＝ピーチピンク

ピンク

絞りどめし、糸始末

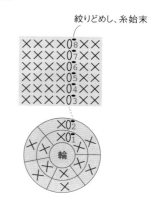

段	目数	目数の増減
2〜8	6	増減なし
1	6	輪の中に細編み

頭　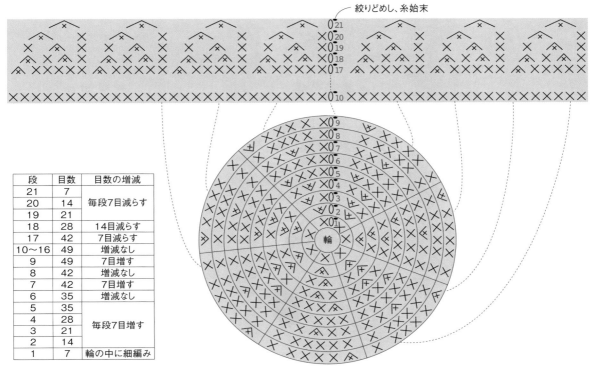　a＝チャイナブルー、b＝ピーチピンク

※最終段の1段手前まで編んだら、わたを詰め、ディスク（35mm）を入れて最終段を編む。ディスクの軸にワッシャーとストッパーをはめておく

絞りどめし、糸始末

段	目数	目数の増減
21	7	
20	14	毎段7目減らす
19	21	
18	28	14目減らす
17	42	7目減らす
10〜16	49	増減なし
9	49	7目増す
8	42	増減なし
7	42	7目増す
6	35	増減なし
5	35	
4	28	毎段7目増す
3	21	
2	14	
1	7	輪の中に細編み

胴　　a＝チャイナブルー、b＝ピーチピンク

※最終段の1段手前まで編んだら、足のディスクの軸を指定位置（p.46）に差し込み、ワッシャーとストッパーをはめてつける。
最終段を編み、わたを詰め、頭のジョイントを入れ込む

絞りどめし、糸始末

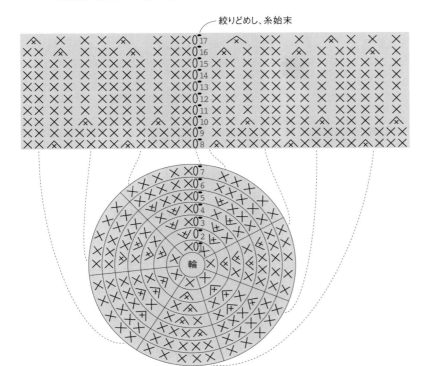

段	目数	目数の増減
17	16	4目減らす
16	20	5目減らす
11〜15	25	増減なし
10	25	5目減らす
9	30	増減なし
8	30	5目減らす
6・7	35	増減なし
5	35	
4	28	毎段7目増す
3	21	
2	14	
1	7	輪の中に細編み

内耳（2枚）

 ピンク

1

編始め 鎖編み6目

作り目の1目めに引き抜く

外耳（右）

 a＝チャイナブルー
b＝ピーチピンク

糸端を20cm残す

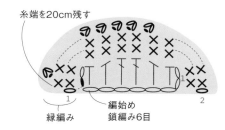

1
1
2

縁編み

編始め
鎖編み6目

外耳（左）

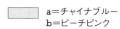 a＝チャイナブルー
b＝ピーチピンク

糸端を20cm残す

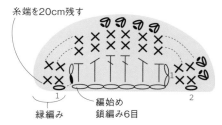

1
1
2

縁編み

編始め
鎖編み6目

〈編む順序〉
1．内耳を編む
2．外耳の1段めを編んだら、糸を切らずに
　内耳を外表に合わせて、2枚一緒に拾い、縁編みをする

胸毛

 ピュアホワイト

※編み地の裏を表側にする

糸端を20cm残す

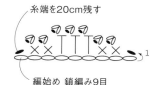

1

編始め 鎖編み9目

鼻

ナチュラルブラック

※編始めを上側にする

糸端を20cm残す。わたを詰めて絞りどめ

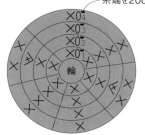

段	目数	目数の増減
4	8	増減なし
3	8	2目増す
2	6	増減なし
1	6	輪の中に細編み

仕上げ方

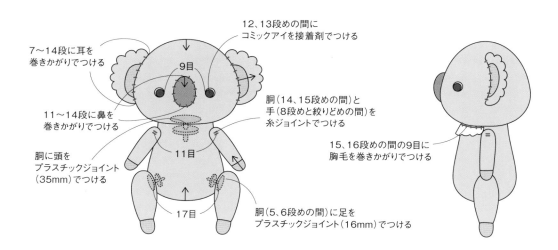

12、13段めの間に
コミックアイを接着剤でつける

7〜14段に耳を
巻きかがりでつける

9目

11〜14段に鼻を
巻きかがりでつける

胴に頭を
プラスチックジョイント
（35mm）でつける

11目

17目

胴（14、15段の間）と
手（8段めと絞りどめの間）を
糸ジョイントでつける

15、16段めの間の9目に
胸毛を巻きかがりでつける

胴（5、6段めの間）に足を
プラスチックジョイント（16mm）でつける

46

インコ ••••• p.4

◇ 使用糸

ハマナカ ピッコロ

a グレー（33）… 5g　黄（42）… 5g
　濃グレー（50）… 2g　白（1）… 1g
　ピンク（4）… 1g　ブライトオレンジ（51）… 1g

b 水色（12）… 5g　白（1）… 5g
　シアンブルー（43）… 2g　黄（42）… 1g
　薄ピンク（40）… 50cm　群青（36）… 50cm

c 黄緑（9）… 7g　レモン（8）… 5g
　ブライトオレンジ（51）… 1g　ピンク（4）… 50cm
　青（13）… 50cm

◇ その他の材料

b・c ミシン糸（黒）少々
プラスチックジョイント 30mm（H430-501-30）… 1 セット
ソリッドアイ 6mm（H221-306-1）… 2 個
ネオクリーンわたわた（H405-401）

◇ 用具

4/0 号かぎ針

◇ 出来上り寸法

縦 8 ×奥行き 7.5cm（a の冠羽は含まない）

◇ 作り方

1. 頭を編む（p.36 参照）。
2. 首回りを頭に編みつける。
3. 胴を編み、頭をつける（p.41 参照）。
4. 羽を編み、胴に巻きかがりでつける。
5. くちばしを編み、頭に巻きかがりでつける。
6. ソリッドアイを頭に接着剤でつける（p.43 参照）。
7. a は冠羽と頬を編み、頭に巻きかがりでつける。b・c は頭に刺繍する。

胴　　　　a＝グレー、b＝水色、c＝黄緑

※最終段の1段手前まで編んだら、わたを詰め、頭のジョイントを入れ込み、最終段を編む

前中心

絞りどめし、糸始末

9段めの最後でここに引き抜く

編始め 鎖編み10目

段	目数	目数の増減
17	16	15目減らす
13～16	31	増減なし
12	31	6目減らす
11	37	2目減らす
10	39	7目減らす
9	46	6目減らす
7・8	52	増減なし
6	52	
5	46	
4	40	毎段6目増す
3	34	
2	28	
1	22	鎖編み10目の作り目

20目

9段めの最後でここに引き抜く

9段め

前中心

20目

★と☆を合わせ、5目編む

頭 a=黄、b=白、c=レモン

※最終段の1段手前まで編んだら、わたを詰め、ディスクを入れて最終段を編む。
　ディスクの軸にワッシャーとストッパーをはめておく

首回り

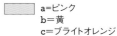 a=黄、b=白、c=レモン

絞りどめし、糸始末

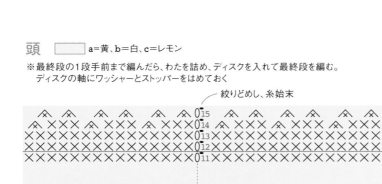

5目一模様・9回　　糸始末

首回り
編みつけ位置

1段めは、頭の11、12段めの間を
拾いながら細編みし、1周編む

段	目数	目数の増減
15	12	12目減らす
14	24	6目減らす
6～13	30	増減なし
5	30	
4	24	毎段6目増す
3	18	
2	12	
1	6	輪の中に細編み

段	目数	目数の増減
3	45	9目増す
2	36	6目増す
1	30	頭から30目拾う

a 羽（左右各1枚）

■ 濃グレー　　□ 白

左羽は
糸色を替える

糸端を20cm残す

右羽は
糸色を替える

b・c 羽（2枚）

■ b=シアンブルー、c=黄緑
※それぞれミシン糸（黒）と引きそろえる

糸端を20cm残す

くちばし

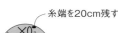 a=ピンク
b=黄
c=ブライトオレンジ

※編終りを上側にする

糸端を20cm残す

段	目数	目数の増減
3	9	3目増す
2	6	2目増す
1	4	輪の中に細編み

a 頬（2枚）

■ ブライトオレンジ

糸端を20cm残す

段	目数	目数の増減
3	20	6目増す
2	14	7目増す
1	7	輪の中に細編み

a 冠羽 黄

糸端を20cm残す

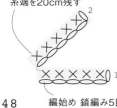

編始め 鎖編み5目

仕上げ方

a

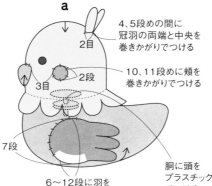

4、5段の間に
冠羽の両端と中央を
巻きかがりでつける

2段

10、11段めに頬を
巻きかがりでつける

3目　2段

7段

6～12段に羽を
巻きかがりでつける

6～12段の間に羽を
巻きかがりでつける

胴に頭を
プラスチックジョイント
でつける

b c

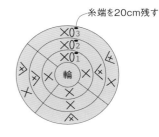

b 薄ピンク
c ピンク
1本どりで
ストレート・ステッチ2回

8、9段めの間に
ソリッドアイを
接着剤でつける

くちばしを二つ折りして
9、10段の間に
巻きかがりでつける

7目
3目
2段

b 群青
c 青
1本どりで
ストレート・
ステッチ1回

1目　2段

12、13段めの間に
くちばしの先を
巻きかがりでつける

※反対側の羽も同じように巻きかがりでつける

◇使用糸
ハマナカ アメリー
a ピーチピンク（28）… 28g
b グレー（22）… 28g
共通 ピュアホワイト（51）… 3g　ピンク（7）… 50cm
◇その他の材料
プラスチックジョイント 16mm（H430-501-16）… 2セット
プラスチックジョイント 30mm（H430-501-30）… 2セット
プラスチックジョイント 25mm（H430-501-25）… 1セット
コミックアイ 9mm（H220-409）… 2個
ネオクリーンわたわた（H405-401）
◇用具
5/0 号かぎ針
◇出来上り寸法（四つ足）
縦 14.5 ×奥行き 14cm

◇作り方
1.頭を編む。
2.足先を編む。
3.足を編み、足先に巻きかがりでつける。
4.手を編む。
5.胴を編み、足、手、頭をつける（p.39 参照）。
6.しっぽを編み、胴に巻きかがりでつける。
7.耳を編み、頭に巻きかがりでつける。
8.コミックアイを頭に接着剤でつける（p.43 参照）。
9.鼻を頭に刺繍する。

頭　a=ピーチピンク、b=グレー　　ピュアホワイト

※18段めまで編んだら、ディスク（25mm）の軸を13段、14段めの間の立上りの鎖目あたりに差し込み、残りの段を編む（p.34《足のディスクの入れ方》参照）

わたを詰めて絞りどめし、糸始末

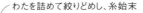
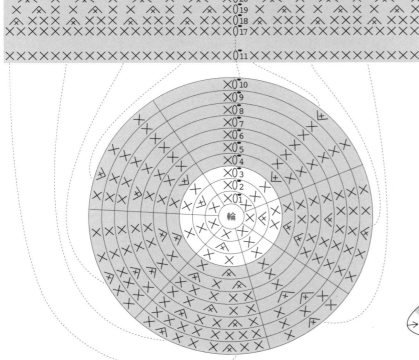

段	目数	目数の増減
21	7	
20	14	毎段7目減らす
19	21	
18	28	
11～17	35	増減なし
10	35	7目増す
9	28	増減なし
8	28	4目増す
7	24	5目増す
6	19	増減なし
5	19	4目増す
4	15	5目増す
3	10	増減なし
2	10	3目増す
1	7	輪の中に細編み

頭

ディスク

足（2枚）　□ a=ピーチピンク、b=グレー　　　　　足先（2枚）　□ a=ピーチピンク、b=グレー　　　□ ピュアホワイト

※8段めまで編んだら、ディスク（30mm）の軸を5、6段めの間の
　立上りの鎖目あたりに差し込み、残りの段を編む

わたを詰めて絞りどめし、糸始末

糸端を20cm残す

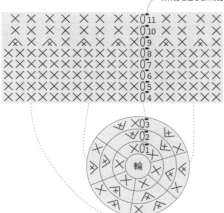

段	目数	目数の増減
3〜7	9	増減なし
2	9	3目増す
1	6	輪の中に細編み

足の仕上げ方

足にわたを詰め、
足先の編終り側にかぶせ、
巻きかがりする

4、5段の間

足先

6、7段の間

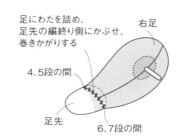

右足　　左足

ディスク

立上り位置

足先　　足先

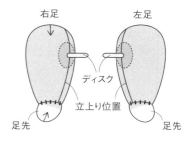

段	目数	目数の増減
10・11	12	増減なし
9	12	6目減らす
4〜8	18	増減なし
3	18	毎段6目増す
2	12	
1	6	輪の中に細編み

胴　　□ a=ピーチピンク、b=グレー

※12段めまで編んだら、足のディスクの軸を指定位置に差し込み、ワッシャーとストッパーをはめてつける。
　最終段の1段手前まで編んだら、手のディスクの軸と頭のディスクの軸をそれぞれ指定位置に差し込み、ワッシャーとストッパーをはめてつける。
　最終段を編む

わたを詰めて絞りどめし、糸始末

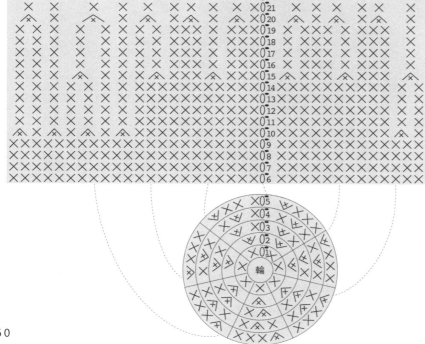

段	目数	目数の増減
22	8	8目減らす
21	16	増減なし
20	16	8目減らす
16〜19	24	増減なし
15	24	6目減らす
11〜14	30	増減なし
10	30	5目減らす
6〜9	35	増減なし
5	35	
4	28	毎段7目増す
3	21	
2	14	
1	7	輪の中に細編み

手（2枚）

▨ a=ピーチピンク、b=グレー	□ ピュアホワイト

※ディスク（16mm）の軸を9、10段めの間の立上りの鎖目あたりに差し込む

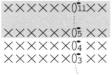

わたを詰めて絞りどめし、糸始末

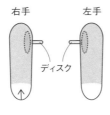

右手　　左手

ディスク

段	目数	目数の増減
2〜11	8	増減なし
1	8	輪の中に細編み

耳（2枚）

▨ a=ピーチピンク、b=グレー	
▨ ピンク	

糸端を20cm残す

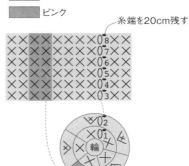

段	目数	目数の増減
3〜8	10	増減なし
2	10	5目増す
1	5	輪の中に細編み

しっぽ

▨ a=ピーチピンク、b=グレー	

※編み地の裏を表側にする
※リング編みは小さめに編む

糸端を20cm残す

〔W〕＝細編みのリング編み2目編み入れる

〔A〕＝細編みのリング編み2目一度

段	目数	目数の増減
4	7	7目減らす
3	14	増減なし
2	14	7目増す
1	7	輪の中に細編み

仕上げ方

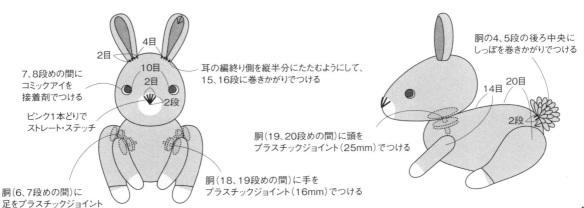

2目
4目
2目
10目
2目

7、8段めの間に
コミックアイを
接着剤でつける

ピンク1本どりで
ストレート・ステッチ

2段

耳の編終り側を縦半分にたたむようにして、
15、16段に巻きかがりでつける

胴（6、7段めの間）に
足をプラスチックジョイント
（30mm）でつける

胴（18、19段めの間）に手を
プラスチックジョイント（16mm）でつける

胴（19、20段めの間）に頭を
プラスチックジョイント（25mm）でつける

胴の4、5段の後ろ中央に
しっぽを巻きかがりでつける

14目
20目
2段

51

いぬ ····· p.8

◇ 使用糸
ハマナカ itoa あみぐるみが編みたくなる糸
a 黒（318）… 31g　茶（316）… 8g　緑（311）… 2g
b 茶（316）… 37g　赤（306）… 2g　黒（318）… 50cm
◇ その他の材料
プラスチックジョイント 16mm（H430-501-16）… 4 セット
プラスチックジョイント 30mm（H430-501-30）… 1 セット
コミックアイ 9mm（H220-409）… 2 個
ネオクリーンわたわた（H405-401）
◇ 用具
6/0 号かぎ針
◇ 出来上り寸法
縦 12 ×横 15cm

◇ 作り方
※すべて 2 本どりで編む
1. 頭を編む。
2. 足を編む。
3. 胴・上を編み、頭をつける（p.39 参照）。
4. 胴・下を編み、胴・上と巻きかがりする。巻きかがりの途中で足をつける。
5. しっぽを編み、胴に巻きかがりでつける。
6. 鼻を頭に刺繍する。
7. コミックアイを頭に接着剤でつける（p.43 参照）。
8. 耳を編み、頭に巻きかがりでつける。
9. 首輪を編み、頭と胴の間に巻きかがりでつける。

頭　　a=黒、b=茶　　茶
※最終段の1段手前まで編んだら、15段めと16段めの間の立上りの鎖目あたりにディスク（30mm）の軸を差し込み、
　最終段を編む（p.34《足のディスクの入れ方》参照）

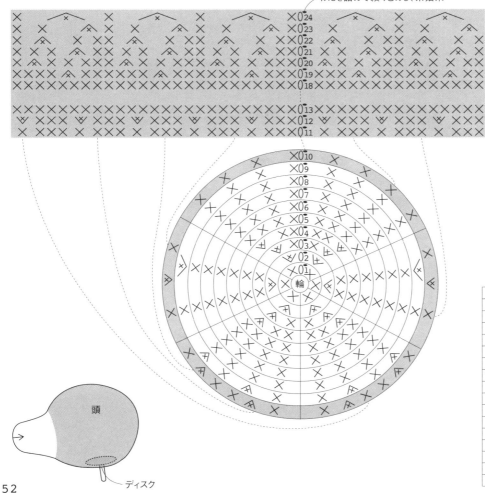

わたを詰めて絞りどめし、糸始末

頭

ディスク

段	目数	目数の増減
24	10	
23	15	
22	20	毎段5目減らす
21	25	
20	30	
19	35	
13〜18	40	増減なし
12	40	8目増す
11	32	増減なし
10	32	毎段6目増す
9	26	
5〜8	20	増減なし
4	20	毎段4目増す
3	16	
2	12	6目増す
1	6	輪の中に細編み

胴・上　胴・下（各1枚）

a=黒、b=茶

※胴・上は10段めまで、胴・下は4段めまで編む
※頭のディスクの軸を指定位置に差し込み、ワッシャーとストッパーをはめてつける。
足のディスクの軸を指定位置に差し込み、ワッシャーとストッパーをはめてつける

糸始末（胴・上）
10
5

段	目数	目数の増減
5〜10	48	増減なし
4	48	毎段8目増す
3	40	
2	32	4目増す
1	28	鎖編み13目の作り目

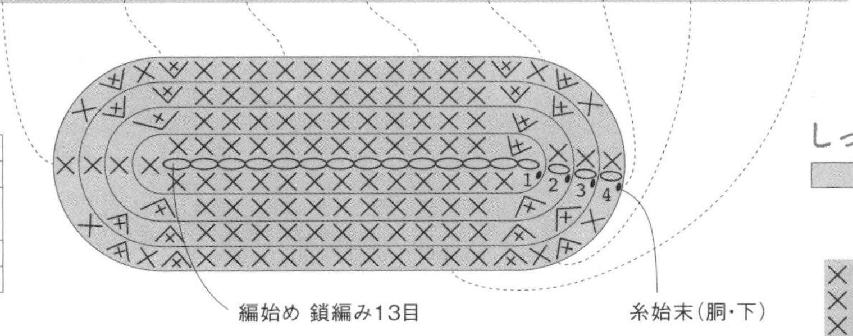

1
2
3
4
編始め 鎖編み13目
糸始末（胴・下）

しっぽ

a=黒、b=茶

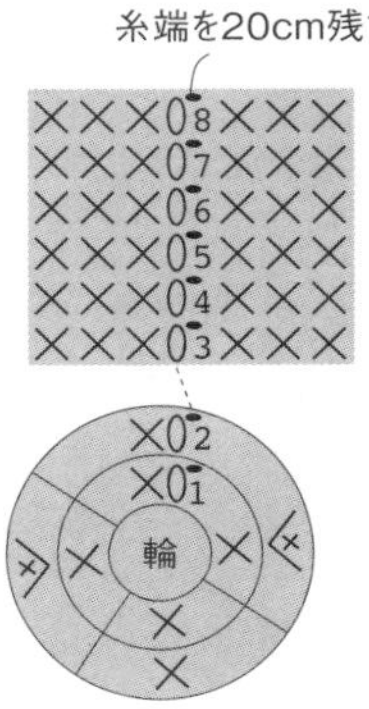

糸端を20cm残す
輪

段	目数	目数の増減
3〜8	6	増減なし
2	6	2目増す
1	4	輪の中に細編み

足（4枚）

a=黒、b=茶　茶

※ディスク（16mm）の軸を7、8段めの間の
指定位置（●）に差し込む

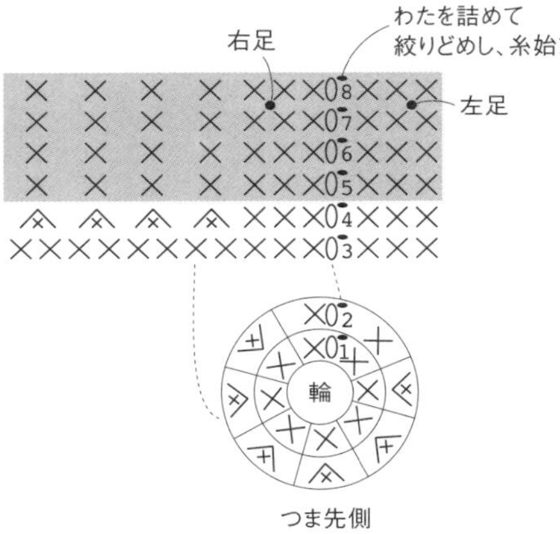

右足
わたを詰めて
絞りどめし、糸始末
左足
輪
つま先側

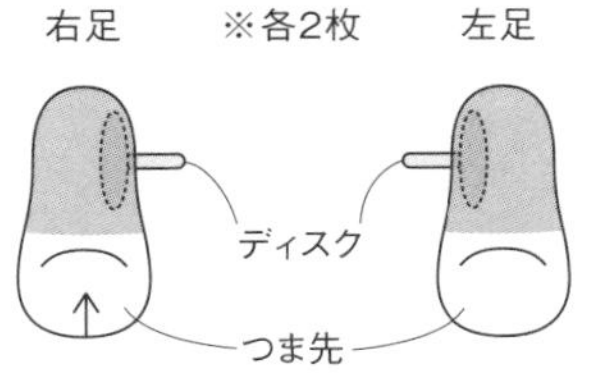

右足
※各2枚
左足
ディスク
つま先

段	目数	目数の増減
5〜8	10	増減なし
4	10	4目減らす
3	14	増減なし
2	14	6目増す
1	8	輪の中に細編み

耳（2枚）

a=黒、b=茶

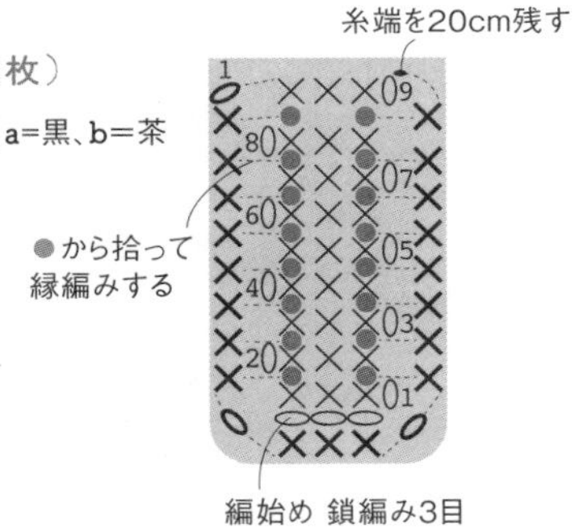

糸端を20cm残す
●から拾って
縁編みする
編始め 鎖編み3目

首輪

a=緑、b=赤

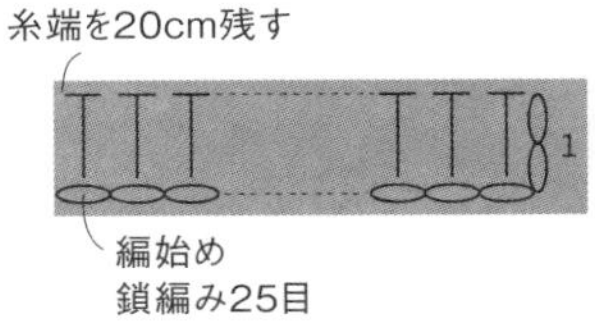

糸端を20cm残す
編始め
鎖編み25目

仕上げ方

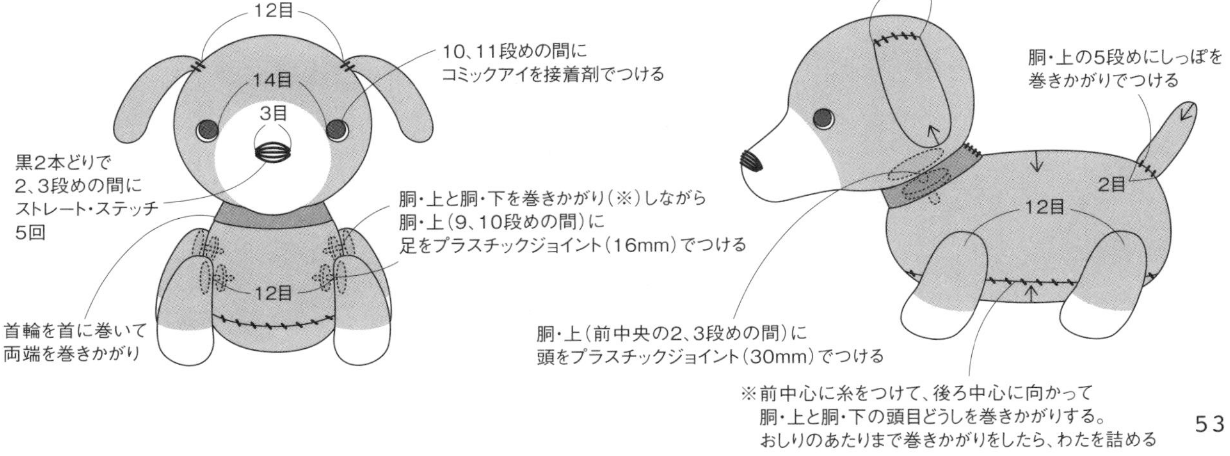

12目
14目
3目
10、11段めの間に
コミックアイを接着剤でつける
黒2本どりで
2、3段めの間に
ストレート・ステッチ
5回
胴・上と胴・下を巻きかがり（※）しながら
胴・上（9、10段めの間）に
足をプラスチックジョイント（16mm）でつける
12目
首輪を首に巻いて
両端を巻きかがり
16〜19段に耳を
巻きかがりでつける
胴・上の5段めにしっぽを
巻きかがりでつける
2目
12目
胴・上（前中央の2、3段めの間）に
頭をプラスチックジョイント（30mm）でつける
※前中心に糸をつけて、後ろ中心に向かって
胴・上と胴・下の頭目どうしを巻きかがりする。
おしりのあたりまで巻きかがりをしたら、わたを詰める

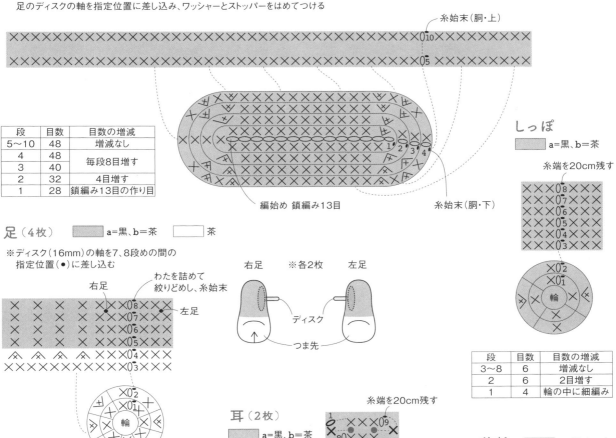

くま ····· p.10

◇ 使用糸
a ハマナカ ラブボニー
　黄土（122）… 9g　生成り（101）… 4g
　ハマナカ ピッコロ
　シアンブルー（43）… 2g
b ハマナカ ボニー
　金茶（482）… 85g　生成り（442）… 5g
　ハマナカ ラブボニー
　赤（133）… 5g
共通 ハマナカ ピッコロ
　　　山吹（25）… 1m
◇ その他の材料
プラスチックジョイント … 1セット
a 35mm（H430-501-35）　b 45mm（H430-501-45）
四つ穴ボタン …各2個
a 小 18mm 、大 20mm　b 小 20mm 、大 23mm
山高ボタン … 2個
a 11.5mm　b 13mm
あみぐるみノーズ … 1個
a 9mm（H220-809-1）　b 12mm（H220-812-1）
ネオクリーンわたわた（H405-401）
手縫い糸（山高ボタン用）
◇ 用具
a 4/0 号、6/0 号かぎ針　b 6/0 号、7.5/0 号かぎ針

◇ 出来上り寸法
a 縦 22.5 ×横 12.5cm　b 縦 25 ×横 15cm
◇ 作り方
1. 頭を編む（p.36 参照）。
2. 胴を編み、頭をつける（p.41 参照）。
3. 手と足を編み、胴にボタンジョイントでつける。
4. しっぽを編み、胴に巻きかがりでつける。
5. 耳と鼻回りを編み、頭に巻きかがりでつける。
6. あみぐるみノーズを鼻回りに接着剤でつける（p.43 参照）。
7. 山高ボタンを頭に手縫い糸で縫いつける。
8. バンダナを編み、首に巻いて後ろで結ぶ。

頭　　[　　　]　a=黄土（6/0号かぎ針）、b=金茶（7.5/0号かぎ針）

※最終段の1段手前まで編んだら、わたを詰め、ディスク（a 35mm / b 45mm）を入れて最終段を編む。ワッシャーとストッパーをはめておく

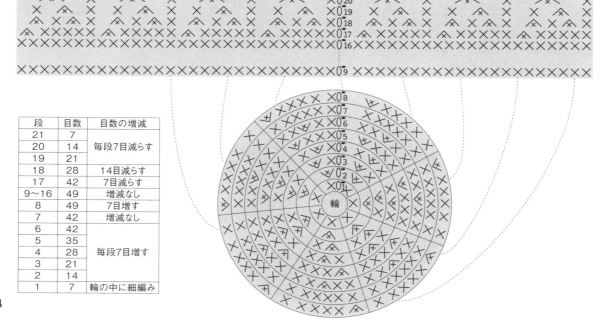

段	目数	目数の増減
21	7	
20	14	毎段7目減らす
19	21	
18	28	14目減らす
17	42	7目減らす
9～16	49	増減なし
8	49	7目増す
7	42	増減なし
6	42	
5	35	
4	28	毎段7目増す
3	21	
2	14	
1	7	輪の中に細編み

胴 　a=黄土(6/0号かぎ針)、b=金茶(7.5/0号かぎ針)

※わたを詰め、頭のジョイントを入れ込む

絞りどめし、糸始末

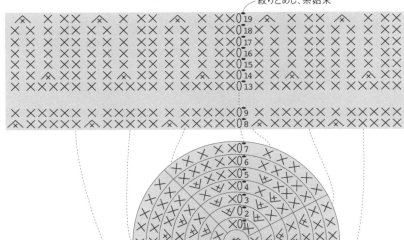

段	目数	目数の増減
19	20	5目減らす
15〜18	25	増減なし
14	25	5目減らす
9〜13	30	増減なし
8	30	5目減らす
6・7	35	増減なし
5	35	
4	28	毎段7目増す
3	21	
2	14	
1	7	輪の中に細編み

鼻回り

　□ 生成り

a=6/0号かぎ針、b=7.5/0号かぎ針

上側

糸端を20cm残す　　下側

段	目数	目数の増減
3	15	2目増す
2	13	6目増す
1	7	輪の中に細編み

耳(2枚)

　a=黄土(6/0号かぎ針)
　b=金茶(7.5/0号かぎ針)

糸端を20cm残す

段	目数	目数の増減
3・4	12	増減なし
2	12	6目増す
1	6	輪の中に細編み

手(2枚)

　a=黄土(6/0号かぎ針)
　b=金茶(7.5/0号かぎ針)

わたを詰めて絞りどめし、糸始末

段	目数	目数の増減
6〜10	7	増減なし
5	7	2目減らす
3・4	9	増減なし
2	9	3目増す
1	6	輪の中に細編み

足(2枚)

　■ a=黄土、b=金茶　　□ 生成り

a=6/0号かぎ針、b=7.5/0号かぎ針

わたを詰めて絞りどめし、糸始末

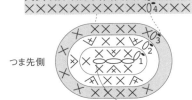

つま先側

編始め 鎖編み3目

段	目数	目数の増減
8	9	増減なし
7	9	2目減らす
6	11	1目減らす
5	12	2目減らす
3・4	14	増減なし
2	14	5目増す
1	9	鎖編み3目の作り目

しっぽ

　a=黄土(6/0号かぎ針)
　b=金茶(7.5/0号かぎ針)

糸端を20cm残す

段	目数	目数の増減
4	6	3目減らす
3	9	増減なし
2	9	3目増す
1	6	輪の中に細編み

バンダナ

 ■ a＝シアンブルー（4/0号かぎ針）、b＝赤（6/0号かぎ針）

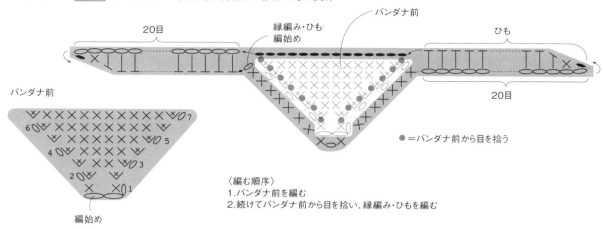

20目　　　　縁編み・ひも　　　バンダナ前　　　　ひも
　　　　　　編始め

バンダナ前

〈編む順序〉
1. バンダナ前を編む
2. 続けてバンダナ前から目を拾い、縁編み・ひもを編む

●＝バンダナ前から目を拾う

編始め

仕上げ方

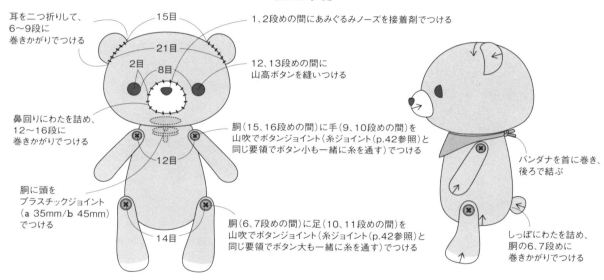

耳を二つ折りして、6～9段に巻きかがりでつける

15目
21目
2目　8目

1、2段めの間にあみぐるみノーズを接着剤でつける

12、13段めの間に山高ボタンを縫いつける

鼻回りにわたを詰め、12～16段に巻きかがりでつける

胴（15、16段めの間）に手（9、10段めの間）を山吹でボタンジョイント（糸ジョイント（p.42参照）と同じ要領でボタン小も一緒に糸を通す）でつける

12目

胴に頭をプラスチックジョイント（a 35mm/b 45mm）でつける

14目

胴（6、7段めの間）に足（10、11段めの間）を山吹でボタンジョイント（糸ジョイント（p.42参照）と同じ要領でボタン大も一緒に糸を通す）でつける

バンダナを首に巻き、後ろで結ぶ

しっぽにわたを詰め、胴の6、7段めに巻きかがりでつける

- -

パンダ（p.61続き）　　　　仕上げ方

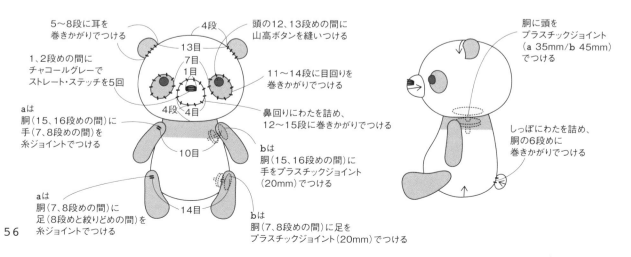

5～8段に耳を巻きかがりでつける

4段
13目
7目
1目

1、2段の間にチャコールグレーでストレート・ステッチを5回

4段　4目

頭の12、13段めの間に山高ボタンを縫いつける

11～14段に目回りを巻きかがりでつける

鼻回りにわたを詰め、12～15段に巻きかがりでつける

aは
胴（15、16段めの間）に手（7、8段めの間）を糸ジョイントでつける

10目

bは
胴（15、16段めの間）に手をプラスチックジョイント（20mm）でつける

aは
胴（7、8段めの間）に足（8段めと絞りどめの間）を糸ジョイントでつける

14目

bは
胴（7、8段めの間）に足をプラスチックジョイント（20mm）でつける

胴に頭をプラスチックジョイント（a 35mm/b 45mm）でつける

しっぽにわたを詰め、胴の6段めに巻きかがりでつける

ねこ ····· p.12

◇ 使用糸
ハマナカ コトーネツィード
a ライトグレー（1）… 28g
b ブラック（10）… 28g
共通 ハマナカ ピッコロ
　　　白（1）… 4g　ピンク（4）… 50cm
◇ その他の材料
プラスチックジョイント 16mm（H430-501-16）… 2 セット
プラスチックジョイント 45mm（H430-501-45）
… ディスクとストッパー各 1 個
テクノロート（H204-593）… 45cm
キャッツアイ 9mm
a ブルー（H220-209-7）… 2 個
b イエロー（H220-209-3）… 2 個
ネオクリーンわたわた（H405-401）
◇ 用具
4/0 号かぎ針

◇ 出来上り寸法
縦 20 ×横 9cm
◇ 作り方
1. 耳と頭を編む（p.36-1 ～ 9 参照）。
2. 足を編む。
3. 胴を編み、頭、足をつける（p.39 参照）。
4. 手を編み、胴に糸ジョイントでつける（p.42 参照）。
5. しっぽを編み、テクノロートを入れて胴に巻きかがりでつける。
6. 鼻回りを編み、頭に巻きかがりでつける。
7. キャッツアイを頭に接着剤でつける（p.43 参照）。
8. 鼻とひげを頭に刺繍する。

耳と頭　�largeblock▲　a=ライトグレー、b=ブラック
※最終段の1段手前まで編んだら、わたを詰め、ディスク（45mm）を入れて最終段を編む

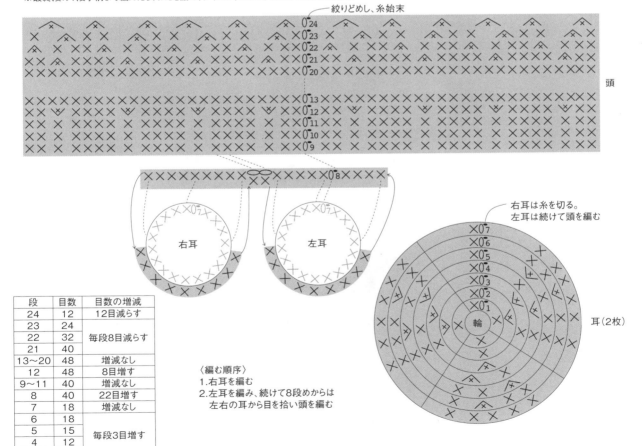

段	目数	目数の増減
24	12	12目減らす
23	24	
22	32	毎段8目減らす
21	40	
13～20	48	増減なし
12	48	8目増す
9～11	40	増減なし
8	40	22目増す
7	18	増減なし
6	18	
5	15	毎段3目増す
4	12	
3	9	
2	6	2目増す
1	4	輪の中に細編み

〈編む順序〉
1. 右耳を編む
2. 左耳を編み、続けて8段めからは
　 左右の耳から目を拾い頭を編む

右耳は糸を切る。
左耳は続けて頭を編む

耳（2枚）

足（2枚） a=ライトグレー、b=ブラック ▢ 白　　　　手（2枚）

※ディスク（16mm）の軸を14、15段めの間の
　指定位置（●）に差し込む
　（p.34《足のディスクの入れ方》参照）

右足　　　糸始末
わたを詰めて絞りどめし、糸始末
左足

 a=ライトグレー、b=ブラック
▢ 白

わたを詰めて絞りどめし、糸始末

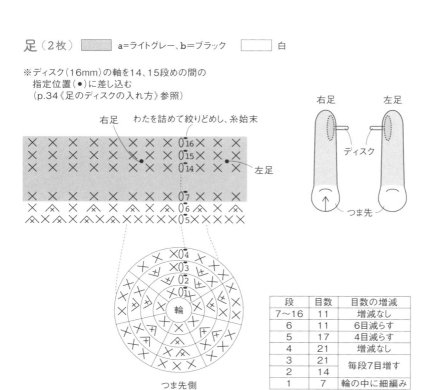

右足　左足
ディスク
つま先

つま先側

段	目数	目数の増減
7〜16	11	増減なし
6	11	6目減らす
5	17	4目減らす
4	21	増減なし
3	21	毎段7目増す
2	14	
1	7	輪の中に細編み

段	目数	目数の増減
6〜15	6	増減なし
5	6	6目減らす
3・4	12	増減なし
2	12	4目増す
1	8	輪の中に細編み

胴 a=ライトグレー、b=ブラック

※23段めまで編んだら、頭のディスクの軸を編始めに差し込み、ストッパーをはめてつける（ワッシャーは使用しない）。
　足のディスクの軸を指定位置に差し込み、ワッシャーとストッパーをはめてつける。残りの段を編む

わたを詰めて絞りどめし、糸始末

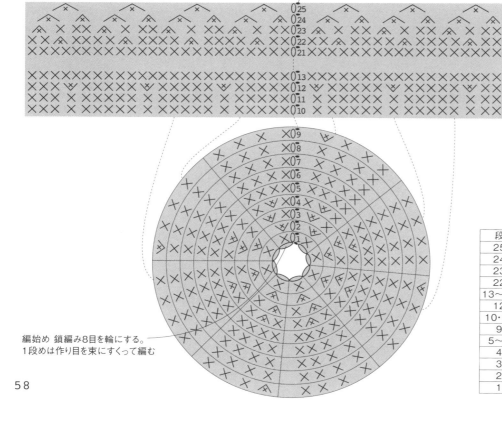

編始め 鎖編み8目を輪にする。
1段めは作り目を束にすくって編む

段	目数	目数の増減
25	7	
24	14	毎段7目減らす
23	28	
22	35	
13〜21	42	増減なし
12	42	6目増す
10・11	36	増減なし
9	36	4目増す
5〜8	32	増減なし
4	32	
3	24	毎段8目増す
2	16	
1	8	鎖編み8目の作り目

鼻回り 　□ 白

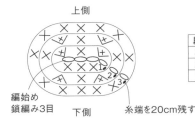

上側

編始め
鎖編み3目

下側

糸端を20cm残す

段	目数	目数の増減
3	12	増減なし
2	12	4目増す
1	8	鎖編み3目の作り目

しっぽ 　▨ a=ライトグレー、b=ブラック

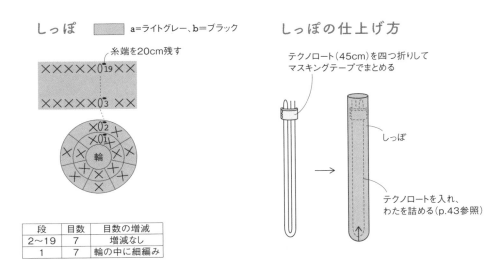

糸端を20cm残す

輪

段	目数	目数の増減
2〜19	7	増減なし
1	7	輪の中に細編み

しっぽの仕上げ方

テクノロート(45cm)を四つ折りして
マスキングテープでまとめる

しっぽ

テクノロートを入れ、
わたを詰める(p.43参照)

仕上げ方

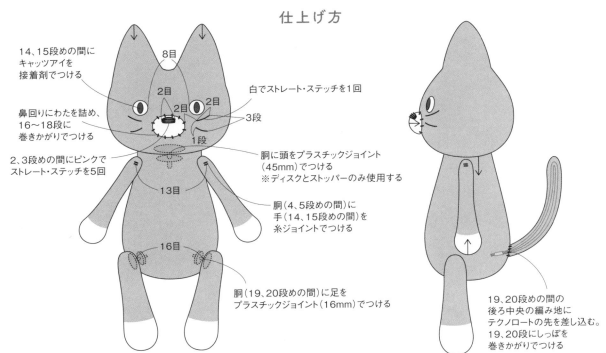

14、15段めの間に
キャッツアイを
接着剤でつける

8目

2目

2目 2目

白でストレート・ステッチを1回

3段

鼻回りにわたを詰め、
16〜18段に
巻きかがりでつける

1段

2、3段めの間にピンクで
ストレート・ステッチを5回

13目

胴に頭をプラスチックジョイント
(45mm)でつける
※ディスクとストッパーのみ使用する

胴(4、5段めの間)に
手(14、15段めの間)を
糸ジョイントでつける

16目

胴(19、20段めの間)に足を
プラスチックジョイント(16mm)でつける

19、20段めの間の
後ろ中央の編み地に
テクノロートの先を差し込む。
19、20段にしっぽを
巻きかがりでつける

パンダ ····· p.14

◇ 使用糸
a ハマナカ アメリー
　ナチュラルホワイト（20）… 22g
　チャコールグレー（30）… 10g
b ハマナカ アメリー エル《極太》
　生成り（101）… 68g　チャコールグレー（111）… 28g
◇ その他の材料
プラスチックジョイント
a 35mm（H430-501-35）… 1 セット
b 20mm（H430-501-20）… 4 セット
　45mm（H430-501-45）… 1 セット
山高ボタン … 2 個
a 9mm　**b** 13mm
ネオクリーンわたわた（H405-401）
手縫い糸（山高ボタン用）
◇ 用具
a 5/0 号かぎ針　**b** 8/0 号かぎ針

◇ 出来上り寸法
a 縦 13 ×横 7.5cm　**b** 縦 20 ×横 11cm
◇ 作り方
1. 頭を編む（p.36 参照）。
2. 手と足を編む。
3. 胴を編み、**b** は足と手をつけ、頭をつける（p.39 〜 41 参照）。
　a は頭をつけ、糸ジョイントで手と足をつける（p.42 参照）。
4. しっぽを編み、胴に巻きかがりでつける。
5. 耳と目回りと鼻回りを編み、頭に巻きかがりでつける。
6. 山高ボタンを目回りに手縫い糸で縫いつける。
7. 鼻を鼻回りに刺繍する。

頭　⬜ a=ナチュラルホワイト（5/0号かぎ針）、b=生成り（8/0号かぎ針）

※最終段の1段手前まで編んだら、わたを詰め、ディスク（**a** 35mm / **b** 45mm）を入れて最終段を編む。ワッシャーとストッパーをはめておく

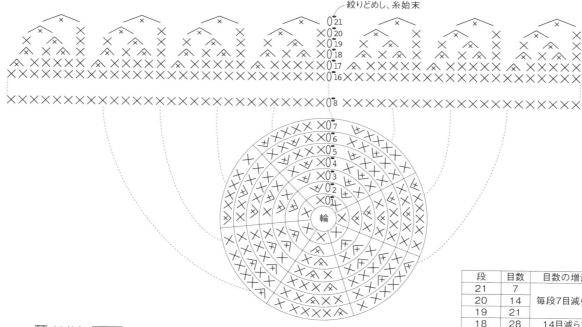

段	目数	目数の増減
21	7	
20	14	毎段7目減らす
19	21	
18	28	14目減らす
17	42	7目減らす
8〜16	49	増減なし
7	49	
6	42	
5	35	毎段7目増す
4	28	
3	21	
2	14	
1	7	輪の中に細編み

耳（2枚）▨ チャコールグレー
a=5/0号かぎ針、b=8/0号かぎ針
上側

糸端を20cm残す

段	目数	目数の増減
2	10	5目増す
1	5	輪の中に細編み

目回り（2枚）▨ チャコールグレー
a=5/0号かぎ針、b=8/0号かぎ針
上側

糸端を20cm残す

下側

胴　　□ a=ナチュラルホワイト、b=生成り　　▨ チャコールグレー　　a=5/0号かぎ針、b=8/0号かぎ針

※最終段の1段手前まで編んだら、bは足のディスクの軸と手のディスクの軸をそれぞれ指定位置に差し込み、ワッシャーとストッパーをはめてつける。
　わたを詰め、頭のジョイント（a 35mm / b 45mm）を入れ込む。最終段を編む

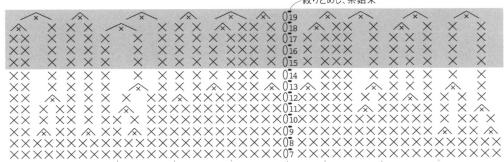

絞りどめし、糸始末

段	目数	目数の増減
19	10	10目減らす
18	20	5目減らす
14～17	25	増減なし
13	25	6目減らす
12	31	毎段3目減らす
11	34	
10	37	増減なし
9	37	5目減らす
7・8	42	増減なし
6	42	毎段7目増す
5	35	
4	28	
3	21	
2	14	
1	7	輪の中に細編み

手（2枚）
▨ チャコールグレー

a=5/0号かぎ針、b=8/0号かぎ針

※bはディスク（20mm）の軸を7、8段めの間の
　立上りの鎖目あたりに差し込む

わたを詰めて絞りどめし、糸始末

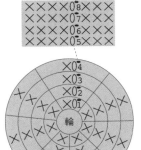

段	目数	目数の増減
2～8	7	増減なし
1	7	輪の中に細編み

しっぽ
□ a=ナチュラルホワイト（5/0号かぎ針）
　　b=生成り（8/0号かぎ針）

糸端を20cm残す。わたを詰めて絞りどめ

段	目数	目数の増減
4	6	3目減らす
3	9	増減なし
2	9	3目増す
1	6	輪の中に細編み

bはディスクを入れる

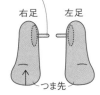

右手　左手　　右足　左足

つま先

段	目数	目数の増減
7・8	7	増減なし
6	7	3目減らす
5	10	4目減らす
3・4	14	増減なし
2	14	7目増す
1	7	輪の中に細編み

足（2枚）　　▨ チャコールグレー

a=5/0号かぎ針、b=8/0号かぎ針

※bはディスク（20mm）の軸を7、8段めの間の
　指定位置（●）に差し込む

わたを詰めて絞りどめし、糸始末
右足　　　　左足

つま先側

鼻回り
□ a=ナチュラルホワイト（5/0号かぎ針）
　　b=生成り（8/0号かぎ針）

上側

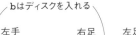

糸端を
20cm残す　　下側

段	目数	目数の増減
3	12	増減なし
2	12	5目増す
1	7	輪の中に細編み

※仕上げ方はp.56

ラッコ ····· p.16

◇ 使用糸
ハマナカ ソノモノ アルパカウール《並太》
茶（63）… 22g　グレー（64）… 9g　生成り（61）… 5g
ハマナカ ピッコロ
水色（12）… 1g　アイスグリーン（48）… 1g
白（1）… 30cm
◇ その他の材料
プラスチックジョイント 16mm（H430-501-16）… 4 セット
プラスチックジョイント 35mm（H430-501-35）… 1 セット
コミックアイ 9mm（H220-409）… 2 個
あみぐるみノーズ 12mm（H220-812-1）… 1 個
25 番刺繍糸 黒 … 30cm
ネオクリーンわたわた（H405-401）
◇ 用具
ラッコ　5/0 号かぎ針
貝　4/0 号かぎ針

◇ 出来上り寸法
ラッコ　縦 19.5 ×横 7cm
貝　縦 2.5 ×横 2.8cm
◇ 作り方
1．頭を編む（p.36-1 ～ 9 参照）。
2．手と足を編む。
3．胴を編み、頭、手、足をつける（p.39 参照）。
4．しっぽを編み、胴に巻きかがりでつける。
5．耳を編み、頭に巻きかがりでつける。
6．コミックアイとあみぐるみノーズを頭に接着剤でつける（p.43 参照）。
7．口を頭に刺繍する。
8．貝を編み、模様を刺繍する。

頭　□ グレー　□ 生成り　5/0号かぎ針
※最終段の1段手前まで編んだら、わたを詰め、ディスク（35mm）を入れて最終段を編む

絞りどめし、糸始末

段	目数	目数の増減
20	12	12目減らす
19	24	毎段8目減らす
18	32	
17	40	5目減らす
10～16	45	増減なし
9	45	5目増す
8	40	増減なし
7	40	5目増す
6	35	増減なし
5	35	毎段7目増す
4	28	
3	21	
2	14	
1	7	輪の中に細編み

しっぽ　□ 茶　5/0号かぎ針
糸端を20cm残す

段	目数	目数の増減
6～9	12	増減なし
5	12	3目増す
4	9	増減なし
3	9	3目増す
2	6	増減なし
1	6	輪の中に細編み

耳（2枚）　□ 茶　5/0号かぎ針
糸端を20cm残す

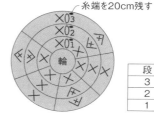

段	目数	目数の増減
3	6	3目減らす
2	9	3目増す
1	6	輪の中に細編み

胴　🔲茶　5/0号かぎ針

※14段めまで編んだら、頭のディスクの軸を編始めに差し込み、ワッシャーとストッパーをはめてつける。
　手のディスクの軸を指定位置に差し込み、ワッシャーとストッパーをはめてつける。
　最終段の1段手前まで編んだら、足のディスクの軸を指定位置に差し込み、ワッシャーとストッパーをはめてつける。最終段を編む

わたを詰めて絞りどめし、糸始末

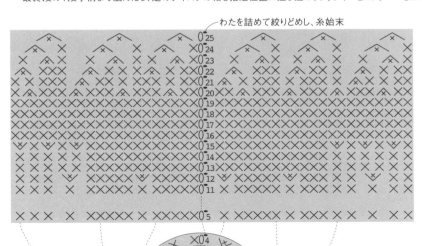

編始め
鎖編み8目を輪にする。
1段めは作り目を束にすくって編む

段	目数	目数の増減
26	6	
24	12	毎段6目減らす
23	18	
22	24	
21	30	3目減らす
20	33	8目減らす
16〜19	41	増減なし
15	41	6目増す
13・14	35	増減なし
12	35	5目増す
5〜11	30	増減なし
4	30	毎段6目増す
3	24	
2	18	
1	12	鎖編み8目の作り目

手（2枚）　🔲茶　5/0号かぎ針

※ディスク（16mm）の軸を手の8、9段めの間の
　立上りの鎖目あたりに差し込む
　（p.34《足のディスクの入れ方》参照）

わたを詰めて絞りどめし、糸始末

貝（各1個）

🔲水色、アイスグリーン　4/0号かぎ針

糸端を20cm残す

編始め
鎖編み6目を輪にする

わたを詰め、頭の目の
内側1本ずつを
巻きかがりで合わせる

白でストレート・ステッチ

段	目数	目数の増減
4〜9	8	増減なし
3	8	2目増す
2	6	増減なし
1	6	輪の中に細編み

足（2枚）　🔲茶　5/0号かぎ針

※ディスク（16mm）の軸を足の5、6段めの間の
　立上りの鎖目あたりに差し込む

わたを詰めて絞りどめし、糸始末

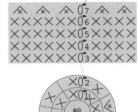

段	目数	目数の増減
7	5	5目減らす
3〜6	10	増減なし
2	10	2目増す
1	8	輪の中に細編み

仕上げ方

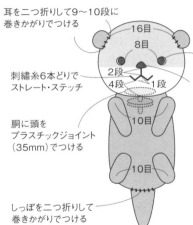

耳を二つ折りして9〜10段に
巻きかがりでつける

16目

8目

12、13段めの間に
コミックアイを
接着剤でつける

刺繍糸6本どりで
ストレート・ステッチ

2段　4段　1段

13、14段めの間に
あみぐるみノーズを
接着剤でつける

胴に頭を
プラスチックジョイント
（35mm）でつける

10目

10目

しっぽを二つ折りして
巻きかがりでつける

胴（7、8段めの間に）
手をプラスチックジョイント
（16mm）でつける

胴（19、20段めの間に）
足をプラスチックジョイント
（16mm）でつける

ぞう ····· p.20

◇使用糸
ハマナカ ポーム ベビーカラー
a 水色（97）··· 21g
b 黄色（93）··· 21g
ハマナカ ピッコロ
a ラベンダー（49）··· 1g　ブライトオレンジ（51）··· 1g
　薄ピンク（40）··· 1g　ミントグリーン（57）··· 1g
b シアンブルー（43）··· 1g　レモン（8）··· 1g
　白（1）··· 1g　ショッキングピンク（22）··· 1g
◇その他の材料
プラスチックジョイント 16mm（H430-501-16）··· 4 セット
テクノロート（H204-593）··· 65cm
ソリッドアイ 6mm（H221-306-1）··· 2 個
ネオクリーンわたわた（H405-401）
◇用具
4/0 号、5/0 号かぎ針

◇出来上り寸法
縦 7.5 ×奥行き 11cm（鼻は含まない）
◇作り方
1．足を編む。
2．鼻・頭・胴を編み、鼻にテクノロートを入れ（p.43-1 ～ 2 参照）、
　足をつける（p.39 参照）。
3．しっぽと背当てを編み、胴に巻きかがりでつける。
4．耳を編み、頭に巻きかがりでつける。
5．ソリッドアイを頭に接着剤でつける（p.43 参照）。

足（4枚）　□ a=水色、b=黄色　5/0号かぎ針
※つま先を前にして、ディスク（16mm）の軸を
　7、8段めの間の指定位置（●）に差し込む
　（p.34《足のディスクの入れ方》参照）

わたを詰めて絞りどめし、糸始末

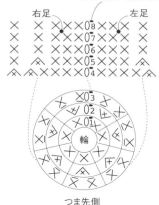

つま先側

段	目数	目数の増減
6～8	9	増減なし
5	9	2目減らす
4	11	3目減らす
3	14	増減なし
2	14	7目増す
1	7	輪の中に細編み

耳（2枚）
□ a=水色、b=黄色　5/0号かぎ針

● から拾って
縁編みする

糸端を20cm残す

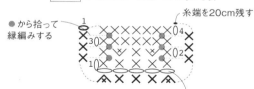

編始め 鎖編み5目

背当て

□	a=ラベンダー、b=シアンブルー
▨	a=ブライトオレンジ、b=レモン
□	a=薄ピンク、b=白
■	a=ミントグリーン、b=ショッキングピンク

4/0号かぎ針

↗=糸をつける　↘=糸を切る

糸端を20cm残す

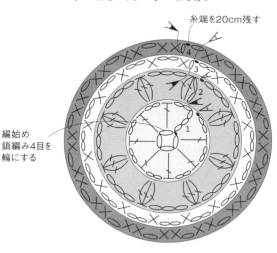

編始め 鎖編み4目を輪にする

※ ×、†、仌 は前段の鎖編みを束にすくう

しっぽ
□ a=水色、b=黄色　5/0号かぎ針

糸端を20cm残す

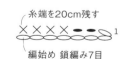

編始め 鎖編み7目

鼻・頭・胴　□ a=水色、b=黄色　5/0号かぎ針

※44段めまで編んだら、鼻にテクノロートを入れ、足のディスクの軸を指定位置に差し込み、ワッシャーとストッパーをはめてつける。残りの段を編む

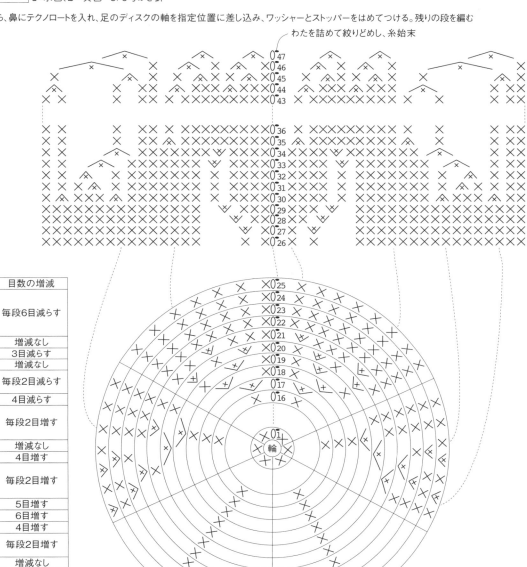

わたを詰めて絞りどめし、糸始末

段	目数	目数の増減
47	6	
46	12	毎段6目減らす
45	18	
44	24	
36～43	30	増減なし
35	30	3目減らす
33・34	33	増減なし
32	33	毎段2目減らす
31	35	
30	37	4目減らす
29	41	
28	39	毎段2目増す
27	37	
26	35	増減なし
25	35	4目増す
24	31	
23	29	毎段2目増す
22	27	
21	25	5目増す
20	20	6目増す
19	14	4目増す
18	10	毎段2目増す
17	8	
2～16	6	増減なし
1	6	輪の中に細編み

仕上げ方

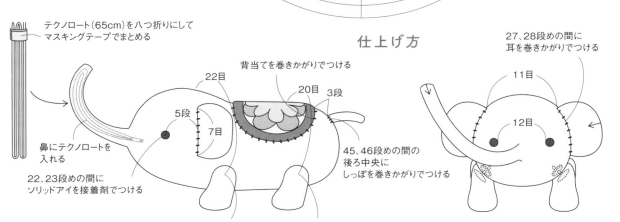

テクノロート(65cm)を八つ折りにしてマスキングテープでまとめる

鼻にテクノロートを入れる

22、23段めの間にソリッドアイを接着剤でつける

背当てを巻きかがりでつける

22目

5段

7目

20目　3段

45、46段めの間の後ろ中央にしっぽを巻きかがりでつける

胴(32、33段めの間)に足をプラスチックジョイント(16mm)でつける

胴(41、42段めの間)に足をプラスチックジョイント(16mm)でつける

27、28段めの間に耳を巻きかがりでつける

11目

12目

ロボット …… p.22

◇使用糸
ハマナカ ピッコロ
a グレー（33）… 6g　シアンブルー（43）… 5g
クリーム（41）… 2g　群青（36）… 2g
ショッキングピンク（22）… 2g　白（1）… 1g
蛍光オレンジ（58）… 50cm　レモン（8）… 50cm
b ラベンダー（49）… 5g　山吹（25）… 5g　白（1）… 2g
赤（6）… 2g　蛍光黄色（56）… 2g
ミントグリーン（57）… 2g　群青（36）… 1g
ショッキングピンク（22）… 50cm

◇その他の材料
プラスチックジョイント 45mm（H430-501-45）
… 1セットとワッシャー1個
プラスチックジョイント 20mm（H430-501-20）… ディスク2個
ネオクリーンわたわた（H405-401）

◇用具
4/0号かぎ針

◇出来上り寸法
縦13×横6cm

◇作り方
1. 頭を編む（p.36参照）。
2. 胴を編み、頭をつける（p.41参照）。
3. 胴底を編み、底板のワッシャー（45mm）を入れて巻きかがりでつける。
4. 足を編み、胴底に巻きかがりでつける。
5. 手を編み、糸ジョイントで胴につける（p.42参照）。
6. プレートを編み、胴に巻きかがりでつける。
7. アンテナを編み、頭に巻きかがりでつける。
8. 目と口を頭に刺繍する。

胴

a=グレー、b=ラベンダー　　a=ショッキングピンク、b=蛍光黄色

※頭のディスクの軸を編始めに差し込み、ワッシャーとストッパーをはめてつける

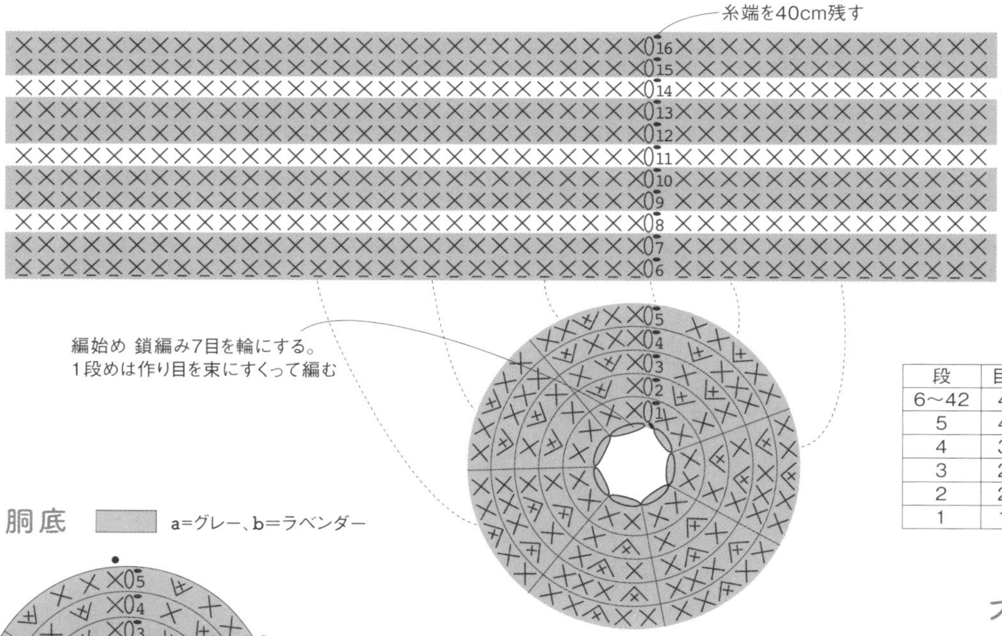

糸端を40cm残す
編始め 鎖編み7目を輪にする。
1段めは作り目を束にすくって編む

段	目数	目数の増減
6〜42	42	増減なし
5	42	毎段7目増す
4	35	
3	28	
2	21	
1	14	鎖編み7目の作り目

胴底

a=グレー、b=ラベンダー

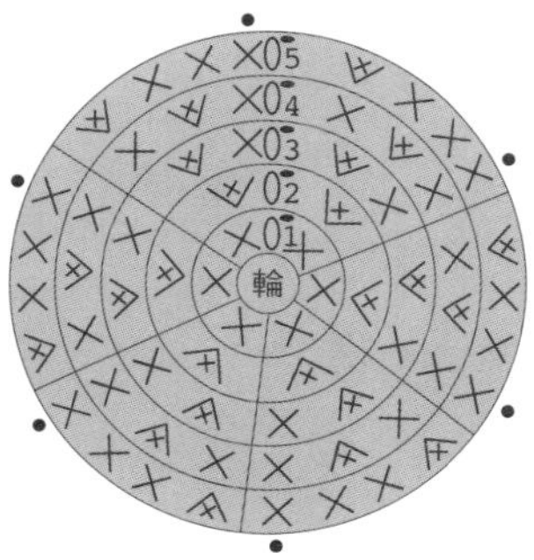

輪

●＝胴と巻きかがりするとき、2回拾う

段	目数	目数の増減
5	35	毎段7目増す
4	28	
3	21	
2	14	
1	7	輪の中に細編み

胴の仕上げ方

胴にわたを詰め、底板としてワッシャー（45mm）を入れる。胴底の編終りの頭目と胴の編終りの頭目の外側半目どうしを拾って巻きかがりする。
胴底は、●の目は2回拾う

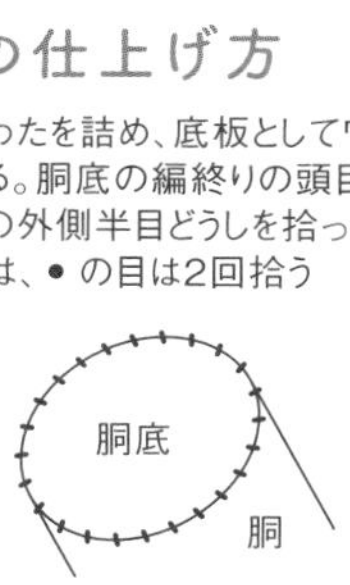

胴底
胴

プレート

白

a=蛍光オレンジ、
b=ショッキングピンクで
●のところに5回巻きのフレンチノット・ステッチ

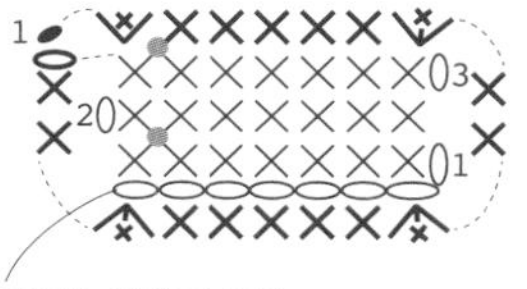

編始め 鎖編み7目

頭　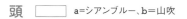 a=シアンブルー、b=山吹

※最終段の1段手前まで編んだら、わたを詰め、ディスク（45mm）を入れて最終段を編む

絞りどめし、糸始末

段	目数	目数の増減
17	14	
16	21	毎段7目減らす
15	28	
14	35	
8~13	42	増減なし
7	42	
6	36	
5	30	毎段6目増す
4	24	
3	18	
2	12	
1	6	輪の中に細編み

足（2枚）

 a=群青、b=赤　　a=クリーム、b=白

※4段めまで編んだら、底板としてディスク（20mm）を中に入れ、残りの段を編む

糸端を20cm残す

ディスク

段	目数	目数の増減
6~9	7	増減なし
5	7	毎段7目減らす
4	14	
3	21	毎段7目増す
2	14	
1	7	輪の中に細編み

アンテナ

a=ショッキングピンク、b=群青

a=クリーム、b=ラベンダー

糸端を20cm残す

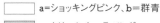
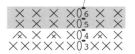

段	目数	目数の増減
5・6	6	増減なし
4	6	3目減らす
3	9	増減なし
2	9	3目増す
1	6	輪の中に細編み

手（2枚）

a=クリーム、b=ミントグリーン

a=グレー、b=蛍光黄色

＝糸をつける　＝糸を切る

糸端を20cm残す

段	目数	目数の増減
2~7	7	増減なし
1	7	輪の中に細編み

仕上げ方

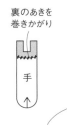

裏のあきを巻きかがり

手

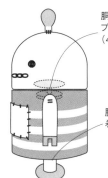

アンテナにわたを詰め、巻きかがりでつける

10段めにa=レモン、b=赤でストレート・ステッチを5回

11、12段めの間にa=蛍光オレンジ、b=ショッキングピンクでチェーン・ステッチを6目

2目

20目

胴（8、9段めの間）に手（1、2段めの間）を糸ジョイントでつける

胴の7~12段にプレートを巻きかがりでつける

胴に頭をプラスチックジョイント（45mm）でつける

胴底の3、4段に足を巻きかがりでつける

67

飛行機 ····· p.24

◇ 使用糸
ハマナカ わんぱくデニス
青（45）… 11g　水色（47）… 6g　白（1）… 4g
黄色（3）… 3g　赤（19）… 1g
◇ その他の材料
プラスチックジョイント 16mm（H430-501-16）… 1 セット
ネオクリーンわたわた（H405-401）
◇ 用具
5/0 号かぎ針

◇ 出来上り寸法
横（翼から翼）14 ×奥行き 14cm
◇ 作り方
1. プロペラ中心を編む（p.36-1 ～ 9 参照）。
2. プロペラを編み、プロペラ中心に巻きかがりでつける。
3. 本体を編み、プロペラ中心をつける（p.41 参照）。
4. 翼と尾翼・上と尾翼・横を編み、本体に巻きかがりでつける。

本体　　■青　　□白

※21段めまで編んだら、プロペラ中心のディスクの軸を編始めに差し込み、ワッシャーとストッパーをはめてつける。残りの段を編む

わたを詰めて絞りどめし、糸始末

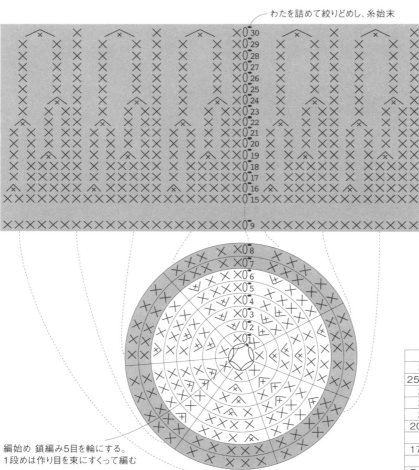

編始め 鎖編み5目を輪にする。
1段めは作り目を束にすくって編む

段	目数	目数の増減
30	10	5目減らす
25～29	15	増減なし
24	15	5目減らす
23	20	増減なし
22	20	5目減らす
20・21	25	増減なし
19	25	5目減らす
17・18	30	増減なし
16	30	5目減らす
7～15	35	増減なし
6	35	7目増す
5	28	増減なし
4	28	毎段7目増す
3	21	
2	14	
1	7	鎖編み5目の作り目

プロペラ中心　赤

※わたを詰め、ディスクを入れる

絞りどめし、糸始末

段	目数	目数の増減
4	8	8目減らす
3	16	4目増す
2	12	6目増す
1	6	輪の中に細編み

プロペラ（2枚）　黄色

糸端を20cm残す

段	目数	目数の増減
7	6	増減なし
6	6	3目減らす
3〜5	9	増減なし
2	9	3目増す
1	6	輪の中に細編み

翼（2枚）　水色　白

糸端を20cm残す

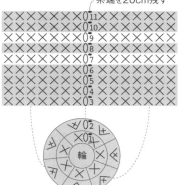

段	目数	目数の増減
3〜11	14	増減なし
2	14	7目増す
1	7	輪の中に細編み

尾翼・横（2枚）　水色

糸端を20cm残す

段	目数	目数の増減
3・4	9	増減なし
2	9	3目増す
1	6	輪の中に細編み

尾翼・上　青

糸端を20cm残す

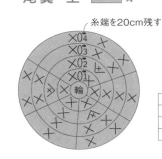

段	目数	目数の増減
3・4	9	増減なし
2	9	3目増す
1	6	輪の中に細編み

仕上げ方

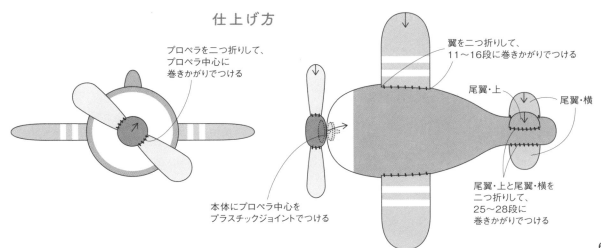

プロペラを二つ折りして、
プロペラ中心に
巻きかがりでつける

本体にプロペラ中心を
プラスチックジョイントでつける

翼を二つ折りして、
11〜16段に巻きかがりでつける

尾翼・上

尾翼・横

尾翼・上と尾翼・横を
二つ折りして、
25〜28段に
巻きかがりでつける

お人形 ····· p.26

◇ 使用糸
ハマナカ ピッコロ
a イエローベージュ（45）… 13g　白（1）… 4g
　ピンクオレンジ（47）… 30cm
b アイスグリーン（48）… 6g　生成り（2）… 1g
c 黄（42）… 5g　白（1）… 1g
d 青（13）… 3g　濃グレー（50）… 1g
e 赤（6）… 2g
f 金茶（21）… 2g　こげ茶（17）… 50cm
g ミントグリーン（57）… 1g　薄ベージュ（16）… 1g
　白（1）… 1g　黒（20）… 30cm
ハマナカ itoa あみぐるみが編みたくなる糸
a こげ茶（315）… 3g
◇ その他の材料
プラスチックジョイント 20mm（H430-501-20）… 1 セット
テクノロート（H204-593）… 180cm
アニマルアイ 6.5 × 5mm（H221-205-1）… 2 個
スナップ 7mm … 4 組み
ネオクリーンわたわた（H405-401）
◇ 用具
3/0 号かぎ針

◇ 出来上り寸法
a 縦 17 ×横 5.5cm
b 縦 8 ×横 10.5cm
c 縦 5.5 ×横 7cm
d 縦 5 ×横 4.5cm
e 縦 1.5 ×奥行き 2.5cm
f 縦 2.5 ×奥行き 2.5cm
g 縦 2.5 ×奥行き 2.5cm
◇ a お人形の作り方
1. 胴を編む（p.36-1 ～ 9 参照）。
2. 頭を編み、胴をつける（p.41 参照）。
3. 手と足を編み、テクノロートを入れ（p.43-1 ～ 2 参照）、胴に糸ジョイントでつける（p.42 参照）。
4. 鼻と口を頭に刺繍する。
5. アニマルアイを頭に接着剤でつける（p.43 参照）。
6. 耳を頭に編みつける。
7. 髪を編み、頭に接着剤でつける。

a お人形

胴　　□ イエローベージュ　　▨ 白

※20段めまで編んだら、わたを詰め、ディスクを入れて残りの段を編む

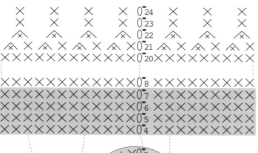

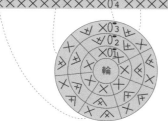

段	目数	目数の増減
23・24	7	増減なし
22	7	毎段7目減らす
21	14	
4～20	21	増減なし
3	21	毎段7目増す
2	14	
1	7	輪の中に細編み

手、足の仕上げ方

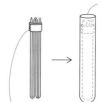

手（2枚）と足（2枚）に
テクノロートを入れ、
編終りを絞りどめする

テクノロート（45cm）を八つ折りして
マスキングテープでまとめる。
同じものを全部で4本作る

手（2枚）

□ イエローベージュ

絞りどめし、糸始末

段	目数	目数の増減
2～16	6	増減なし
1	6	輪の中に細編み

足（2枚）

□ イエローベージュ

絞りどめし、糸始末

段	目数	目数の増減
2～18	7	増減なし
1	7	輪の中に細編み

頭　☐ イエローベージュ

※15段めまで編んだら、胴のディスクの軸を編始めに差し込み、ワッシャーとストッパーをはめてつける。残りの段を編む

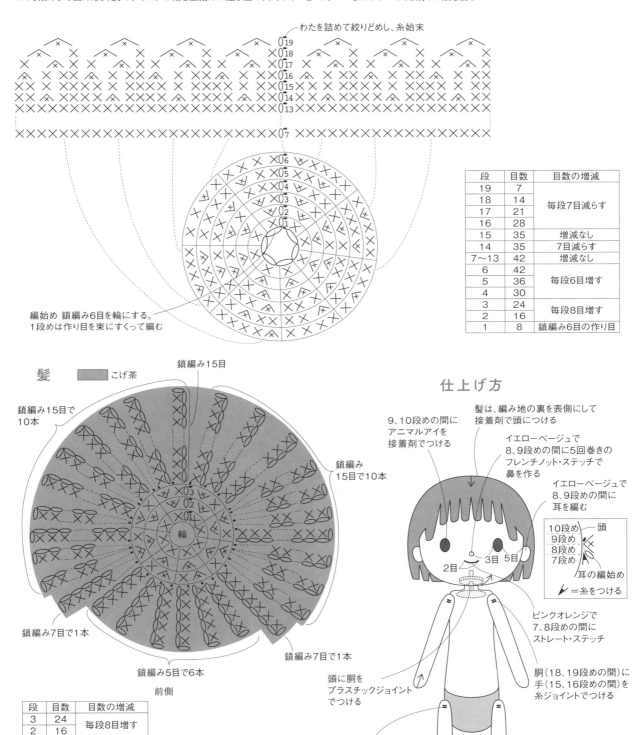

わたを詰めて絞りどめし、糸始末

編始め 鎖編み6目を輪にする。
1段めは作り目を束にすくって編む

段	目数	目数の増減
19	7	
18	14	毎段7目減らす
17	21	
16	28	
15	35	増減なし
14	35	7目減らす
7〜13	42	増減なし
6	42	
5	36	毎段6目増す
4	30	
3	24	毎段8目増す
2	16	
1	8	鎖編み6目の作り目

髪　▨ こげ茶

鎖編み15目

鎖編み15目で
10本

鎖編み
15目で10本

鎖編み7目で1本

鎖編み7目で1本

鎖編み5目で6本

前側

段	目数	目数の増減
3	24	毎段8目増す
2	16	
1	8	輪の中に細編み

〈3段めの編み方〉
1.立上りの鎖編み1目と細編み1目を編んだら、鎖編み15目を編む
2.立上りの鎖編み1目と細編み15目を編み、1目めの細編みにピコットの要領で引き抜く
3.同様に、編み図を参照して編み進める

仕上げ方

9、10段めの間に
アニマルアイを
接着剤でつける

髪は、編み地の裏を表側にして
接着剤で頭につける

イエローベージュで
8、9段めの間に5回巻きの
フレンチノット・ステッチで
鼻を作る

イエローベージュで
8、9段めの間に
耳を編む

2目

3目　5目

	10段め	頭
9段め	
8段め	
7段め	
耳の編始め

↗ =糸をつける

ピンクオレンジで
7、8段めの間に
ストレート・ステッチ

頭に胴を
プラスチックジョイント
でつける

胴（18、19段めの間）に
手（15、16段めの間）を
糸ジョイントでつける

胴（4、5段めの間）に
足（17、18段めの間）を
糸ジョイントでつける

b ワンピース　[アイスグリーン]　[生成り]

↙=糸をつける

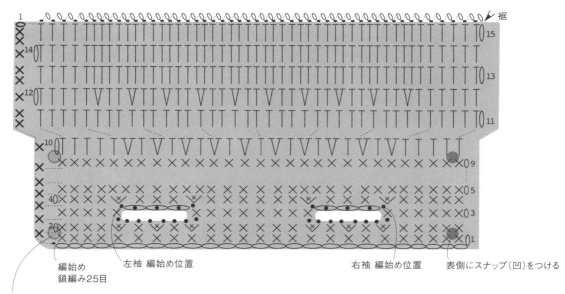

裾

編始め
鎖編み25目

裏側にスナップ(凸)をつける

左袖 編始め位置

右袖 編始め位置

表側にスナップ(凹)をつける

段	目数	目数の増減
13～15	49	増減なし
12	49	10目増す
11	39	増減なし
10	39	10目増す
5～9	29	増減なし
4	29	4目増す
3	25	6目減らす
2	31	6目増す
1	25	鎖編み25目の作り目

袖は●から13目拾って、
細編みを1段編む

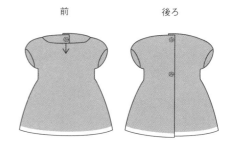

〈編む順序〉
1.身頃を編む
2.身頃から目を拾い、袖を編む
3.身頃から目を拾い、裾を編む
4.スナップを縫いつける

前　　　後ろ

c シャツ　[黄]　[白]

↙=糸をつける

裏側にスナップ(凸)をつける　　　　表側にスナップ(凹)をつける

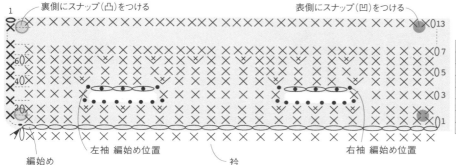

編始め
鎖編み25目

左袖 編始め位置

衿

右袖 編始め位置

段	目数	目数の増減
7～13	35	増減なし
6	35	6目増す
5	29	増減なし
4	29	4目増す
3	25	6目減らす
2	31	6目増す
1	25	鎖編み25目の作り目

袖は●から13目拾って、
細編みを3段編む

〈編む順序〉
1.身頃を編む
2.身頃から目を拾い、袖を編む
3.身頃の作り目から目を拾い、衿を編む
4.スナップを縫いつける

前　　　後ろ

d パンツ　□=青　■=濃グレー　　　　↗=糸をつける

右裾　　　　　　　左裾

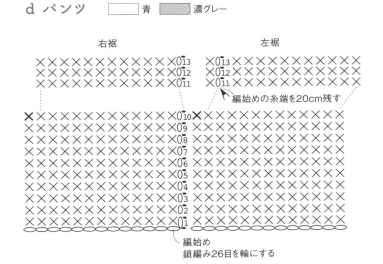

編始めの糸端を20cm残す

編始め
鎖編み26目を輪にする

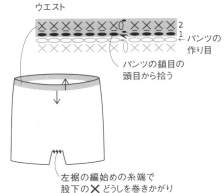

ウエスト

パンツの
作り目

パンツの鎖目の
頭目から拾う

左裾の編始めの糸端で
股下の✕どうしを巻きかがり

〈編む順序〉
1. パンツを編み、続けて右裾を編む
2. 糸をつけ、左裾を編む
3. パンツの作り目から目を拾い、ウエストを編む

---

e 靴（2枚）　□=赤

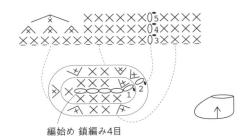

編始め　鎖編み4目

段	目数	目数の増減
5	11	2目減らす
4	13	3目減らす
3	16	増減なし
2	16	6目増す
1	10	鎖編み4目の作り目

---

f ブーツ（2枚）　□=金茶

こげ茶でバック・ステッチ

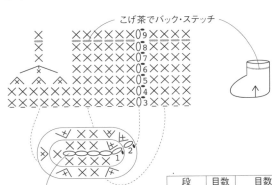

編始め　鎖編み4目

段	目数	目数の増減
7～9	11	増減なし
6	11	2目減らす
5	13	3目減らす
3・4	16	増減なし
2	16	6目増す
1	10	鎖編み4目の作り目

---

g スニーカー （2枚）

□=薄ベージュ
■=ミントグリーン
□=白

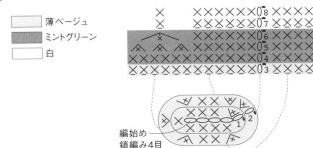

編始め
鎖編み4目

黒1本どりで
ストレート・ステッチ
1段
4、5段めの間

段	目数	目数の増減
7・8	11	増減なし
6	11	2目減らす
5	13	3目減らす
3・4	16	増減なし
2	16	6目増す
1	10	鎖編み4目の作り目

ちびくま ····· p.28

◇ 使用糸
ハマナカ itoa あみぐるみが編みたくなる糸
a パープル (327) ··· 8g
b ピンク (320) ··· 8g
c グリーン (322) ··· 8g
d クリーム (321) ··· 8g
共通 白 (301) ··· 1g
◇ その他の材料
ソリッドアイ 6mm (H221-306-1) ··· 2 個
あみぐるみノーズ 茶 4.5mm (H220-804-2) ··· 1 個
ネオクリーンわたわた (H405-401)
《バッグチャームにする場合》
丸カン 8mm ··· 1 個
ボールチェーン ··· 1 個
◇ 用具
4/0 号かぎ針

◇ 出来上り寸法
縦 10 ×横 4.7cm
◇ 作り方
1. 頭を編む。
2. 胴を編み、頭に巻きかがりでつける。
3. 手と足を編み、胴に糸ジョイントでつける (p.42 参照)。
4. しっぽを編み、胴に巻きかがりでつける。
5. 耳と鼻回りを編み、頭に巻きかがりでつける。
6. ソリッドアイとあみぐるみノーズを頭に接着剤でつける (p.43 参照)。
7. バッグチャームにする場合は、頭に丸カンをつけ、ボールチェーンを通す。

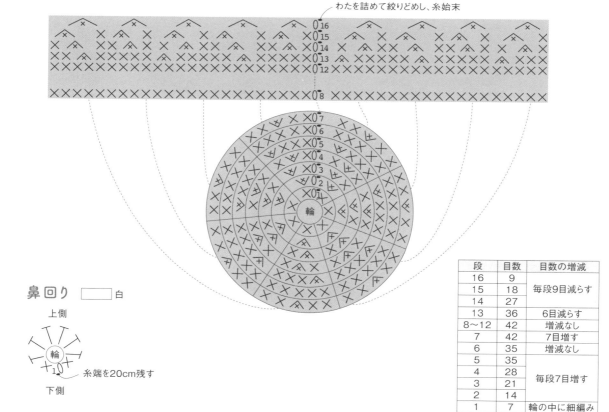

頭　a=パープル、b=ピンク、c=グリーン、d=クリーム

わたを詰めて絞りどめし、糸始末

鼻回り　白
上側
糸端を20cm残す
下側

段	目数	目数の増減
16	9	毎段9目減らす
15	18	
14	27	
13	36	6目減らす
8〜12	42	増減なし
7	42	7目増す
6	35	増減なし
5	35	毎段7目増す
4	28	
3	21	
2	14	
1	7	輪の中に細編み

胴 　　[■] a=パープル、b=ピンク、c=グリーン、d=クリーム

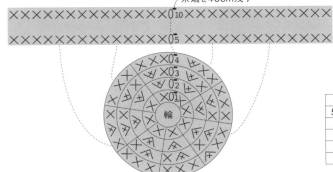

糸端を40cm残す

段	目数	目数の増減
5〜10	27	増減なし
4	27	3目増す
3	24	
2	16	毎段8目増す
1	8	輪の中に細編み

手（2枚）

[■] a=パープル、b=ピンク、c=グリーン、d=クリーム

[□] 白

わたを詰めて絞りどめし、糸始末

段	目数	目数の増減
2〜8	5	増減なし
1	5	輪の中に細編み

足（2枚）

[■] a=パープル、b=ピンク、c=グリーン、d=クリーム

[□] 白

わたを詰めて絞りどめし、糸始末

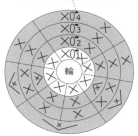

つま先側

段	目数	目数の増減
5〜7	7	増減なし
4	7	3目減らす
3	10	増減なし
2	10	2目増す
1	8	輪の中に細編み

しっぽ

[■] a=パープル、b=ピンク、c=グリーン、d=クリーム

糸端を20cm残す

段	目数	目数の増減
2	5	増減なし
1	5	輪の中に細編み

耳（2枚）

[■] a=パープル、b=ピンク、c=グリーン、d=クリーム

上側

糸端を20cm残す

仕上げ方

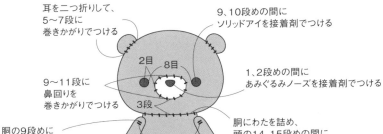

耳を二つ折りして、5〜7段に巻きかがりでつける

9、10段めの間にソリッドアイを接着剤でつける

9〜11段に鼻回りを巻きかがりでつける

2目　8目

3段

1、2段めの間にあみぐるみノーズを接着剤でつける

胴にわたを詰め、頭の14、15段めの間に巻きかがりでつける

胴の9段めに手（7、8段めの間）を糸ジョイントでつける

10目

胴の4段めに足（6、7段めの間）を糸ジョイントでつける

10目

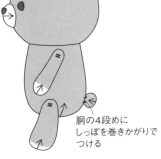

チャームにする場合は、1段めに丸カンをつける

胴の4段めにしっぽを巻きかがりでつける

75

｛ かぎ針編みの基礎 ｝

編み糸の持ち方

糸端

1
小指と人さし指に
糸をかける。

糸端

2
親指と中指で糸端
を持つ。

かぎ針の持ち方

1
人さし指と親指で針
先から 3 〜 4cm ほ
どのところを持つ。

2
中指を添える。中指は
針の動きを助け、針に
かけた糸や編み目を押
さえる役目になる。

鎖の作り目

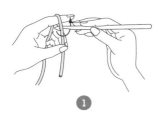

1
左手にかけた編み糸の後ろから
かぎ針を当て、矢印の方向にか
ぎ先を動かし、糸をねじる。

2
人さし指にかかっている
糸に針をかけて引き出し、
糸端を引き締める。

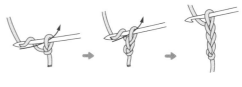

3
引き締めたら、作り目を編んでいく。

鎖目の拾い方

立上り
鎖3目
台の目

裏山を拾う

※鎖目の反対側を拾うときは、
鎖目の頭目を拾う。

鎖編みを輪にする作り目

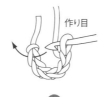
作り目

1
鎖の作り目をし、
土台に針を入れる。

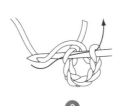

2
糸に針をかけ、
一度に引き抜く。

3

鎖編み

① 糸に針をかけ、引き抜く。

② 鎖編みの土台ができた。糸に針をかけ、引き抜く。

③ 鎖編み1目が編めた。「糸に針をかけ、引き抜く」を繰り返す。

④

引抜き編み

① 前段の頭目に針を入れる。

② 糸に針をかけ、引き抜く。

③

細編み

×

① 前段の頭目に針を入れる。

② 糸に針をかけ、ループを引き出す。

③ 糸に針をかけ、針にかかっている2本のループを一度に引き抜く。

④

中長編み

 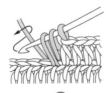 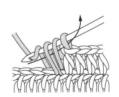 

① 糸に針をかけ、前段の頭目に針を入れる。

② 糸に針をかけ、ループを引き出す。

③ 糸に針をかけ、針にかかっている3本のループを一度に引き抜く。

④

長編み

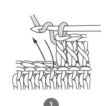   

① 糸に針をかけ、前段の頭目に針を入れる。

② 糸に針をかけ、ループを引き出す。針にかかっている2本のループを一度に引き抜く。

③ 糸に針をかけ、針にかかっている2本のループを一度に引き抜く。

④

細編み2目編み入れる

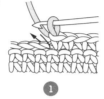 ❶ 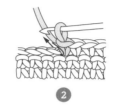 ❷ 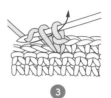 ❸  ❹

前段の1目に細編みを2目編む。

細編み3目編み入れる

 ❶ 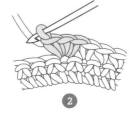 ❷ 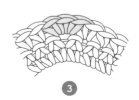 ❸

「細編み2目編み入れる」に細編みをもう1目編む。

細編み変り2目一度

※目数が変わっても
同じ要領で編む

 ❶ 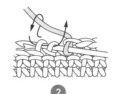 ❷ 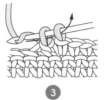 ❸  ❹

前段の目の手前半目
と次の目の手前半目
に針を入れる。

糸に針をかけ、❶の
半目2本を引き抜く。

糸に針をかけ、2本
のループを一度に引
き抜く。

細編みの筋編み

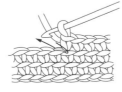

前段の向う側半目に針
を入れ、細編みを編む。

裏側

長編み2目編み入れる

※記号や目数が変わっても
同じ要領で編む

 ❶ ❷ 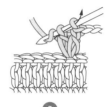 ❸ 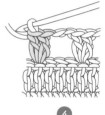 ❹

前段の1目に長編みを2目編む。

78

細編みのリング編み

1 人さし指にかかっている糸を中指で上から押さえる。

2 前段の頭目に針を入れ、糸に針をかけ、ループを引き出す。

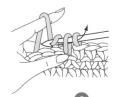
3 糸に針をかけ、針にかかっている2本のループを一度に引き抜く。中指を外す。

裏側

鎖3目のピコット編み

※鎖の目数が変わっても同じ要領で編む

1 鎖編み3目を編み、土台の細編みの頭目半目と左側の足に針を入れる。

2 糸に針をかけ、一度に引き抜く。

3 次の目（細編み）を編む。

4

長編み3目の玉編み

1

2

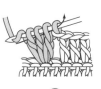
3

4

前段の1目に未完成の長編みを3目編み、一度に引き抜く。

$\mathbb{V}$ と $\mathbb{W}$ の区別

根もとがついている場合

前段の1目に全部の目を編み入れる。前段が鎖編みのときは、鎖目の1本と裏側の山をすくって編む。

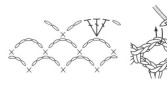

根もとがついていない場合

前段が鎖編みのとき、鎖編みを全部すくって編む。「束にすくう」と言う。

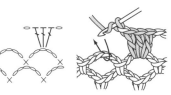

ストレート・ステッチ

バック・ステッチ
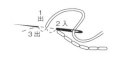

フレンチノット・ステッチ
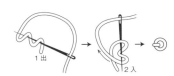

チェーン・ステッチ
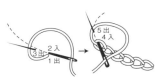

79

いちかわみゆき　*Miyuki Ichikawa*

あみぐるみ作家。1998年に編みものを覚え、1999年より作家活動を開始。手芸教本、教材用の基礎テクニックをベースとする作品提案、広告媒体など幅広く手がける。あみぐるみを編むことの楽しさを伝えるため、作家としてだけでなく講師活動も行なう。日本あみぐるみ協会代表理事。『どうぶつあみぐるみ』『7つのLESSONでたのしく学べる あみぐるみ基本のきほん』（ともに文化出版局刊）など著書多数。
https://ichikawamiyuki.com

材料・かぎ針提供
ハマナカ
〒616-8585
京都市右京区花園薮ノ下町2番地の3
tel.075-463-5151（代表）
hamanaka.co.jp

撮影協力
AWABEES
UTUWA

staff
ブックデザイン　小池佳代
撮影　奥川純一
プロセス撮影　安田如水（文化出版局）
製作協力　稲場たか子
編み方イラスト　小池百合穂
校閲　向井雅子
編集　矢口佳那子
　　　三角紗綾子（文化出版局）

ジョイント使いで
手足が動くあみぐるみ

2024年3月2日　第1刷発行

著者　いちかわみゆき
発行者　清木孝悦
発行所　学校法人文化学園 文化出版局
〒151-8524
東京都渋谷区代々木3-22-1
電話　tel.03-3299-2487（編集）
tel.03-3299-2540（営業）
印刷・製本所　株式会社文化カラー印刷

文化出版局のホームページ　https://books.bunka.ac.jp/